牛津学科论文写作书系

丛书编委会

孙 华　　李轶男

金 立　　赵思渊

朱静宇　　江 棘

郑伟平　　杨 果

（排名不分先后）

孙　华	北京大学教授，北京大学"学术写作与表达"通识核心课主持人
李轶男	清华大学副教授，清华大学写作与沟通教学中心主任
金　立	浙江大学哲学学院教授，浙江大学中文写作教学研究中心执行主任
赵思渊	上海交通大学人文学院教授，上海交通大学学术写作与规范课程负责人
朱静宇	同济大学人文学院教授、博士生导师，同济大学人文学院教学院长
江　棘	中国人民大学教授，中国人民大学写作与表达中心执行主任
郑伟平	厦门大学哲学系教授、博士生导师，厦门大学写作教学中心课程组组长
杨　果	南方科技大学教授，南方科技大学人文中心写作与交流教研室主任

历史学写作指南

WRITING HISTORY
A Guide for Students

[美] 威廉·凯莱赫·斯托里 著
William Kelleher Storey

王涛 韩茜 译

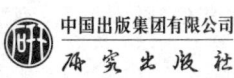

中国出版集团有限公司
研究出版社

图书在版编目（CIP）数据

历史学写作指南 /（美）威廉·凯莱赫·斯托里著；王涛, 韩茜译 . -- 北京：研究出版社，2025.5.
ISBN 978-7-5199-1883-5

Ⅰ . K062-62

中国国家版本馆 CIP 数据核字第 2025B58R30 号

WRITING HISTORY: A GUIDE FOR STUDENTS, SIXTH EDITION by William Kelleher Storey
Copyright © 2021 by Oxford University Press
WRITING HISTORY: A GUIDE FOR STUDENTS, SIXTH EDITION was originally published in English in 2021.This translation is published by arrangement with Oxford University Press. EAST BABEL (BEIJING) CULTURE MEDIA CO.,LTD. is solely responsible for this translation from the original work and Oxford University Press shall have no liability for any errors, omissions or inaccuracies or ambiguities in such translation or for any losses caused by reliance thereon.
ALL RIGHTS RESERVED

出 品 人：陈建军
出版统筹：丁　波
责任编辑：王　玲

历史学写作指南

LISHIXUE XIEZUO ZHINAN

［美］威廉·凯莱赫·斯托里　著　王涛　韩茜　译

研究出版社 出版发行

（100006　北京市东城区灯市口大街 100 号华腾商务楼）
天津鸿景印刷有限公司　新华书店经销
2025 年 9 月第 1 版　2025 年 9 月第 1 次印刷
开本：880 毫米 ×1230 毫米　1/32　印张：8
字数：163 千字
ISBN 978-7-5199-1883-5　定价：69.00 元
电话（010）64217619　64217652（发行部）

版权所有·侵权必究
凡购买本社图书，如有印刷质量问题，我社负责调换。

中文版总序

孙华，北京大学教授，"学术写作与表达"课程负责人

从 2019 年筹备北京大学写作中心，到持续 10 个学期建设北大通识核心课程"学术写作与表达"，我和不同学科专业的老师一直在讨论如何更好地建设学术写作课，为学生提供可持续发展的学术写作之路。我们这门课是通过学术规范、论文结构、文献检索、语法修辞、逻辑思维和高效表达的内容，提升学生的学术写作素养和表达能力，为学生打下一个学术写作的基础。然而，随着进入高年级的专业学习，学生需要更精准的指导，这要求学术写作课要从通用技巧深入到学科特性，为学生提供专业论文、实验报告等的学术写作支持。

牛津大学出版社策划出版的这个"牛津学科论文写作"系

列丛书，汇聚了各学科具有代表性的学者，针对不同学科的写作规范、语言风格、文献引用等方面的不同特点，帮助大学生和研究生提升学术写作的水平。翻译出版"牛津学科论文写作"丛书，一方面是克服语言障碍，让更多的中国学生受益，更好地了解国际学术标准和话语体系，另一方面是解决了目前高校的写作课程大多为通识课程，特别需要针对高年级学生不同学科的特点进行细分学术写作指导这个问题。三是每一册皆以精准的学科视角拆解写作规范，辅以实例与策略，将庞杂的学术传统凝练为可操作的指南。这有利于部分缺乏专业写作教学培训的老师在课堂上更好地进行学术指导；同时也扩大了自适应学习的资源，学生可以通过这些高质量的教材找到更适合自己学科的写作材料、范例等。

这个系列涵盖哲学、历史、社会学、政治学、人类学、工程学、生理学、护理学、音乐学等学科，也是由国内各领域知名学者承担翻译，保证了丛书中译本的权威性，助力同学们在专业学习中更从容地应对各种学术挑战，更顺利地走上学术研究之路。

英文版总序

主编　托马斯·迪恩斯（Thomas Deans）
　　　米娅·波（Mya Poe）

虽然现在许多高校院系的各类学科都开设了写作强化课程，但很少有书籍能精准满足各门课程的确切需求。本书系致力于这一任务。以简洁、直接、实用的方式，"牛津学科论文写作"书系（*Brief Guides to Writing in the Disciplines*）为不同学科领域——从生物学和工程学，再到音乐学和政治学——的学习者提供经过实践检验的课程以及必要的写作资源。

本书系由富有教学经验的各学科专家撰写，向学生们介绍其所在学科的写作规范。这些规范在该专业的内行人看来是显而易见的常识，但对于刚进入这个学科学习或研究的新人来说可能是模糊不清的。故而，每本书都提出了关键的写作策略，配有清晰的说明和示例，预判学生们易犯的常见错误，并且点明老师在批改学生论文作业时的扣分点。

对于更擅长授课而非写作的教师，这些书可以充当便捷的教案，帮助他们讲授什么是好的学术写作，以及如何写出好的论文。大多数老师通过反复试错来锻炼自己的写作能力，经过了多年的积累，但要将自己思考和写作的经验传授给学生还是有点不得其法。"牛津学科论文写作"书系简明扼要地呈现了所有学科的写作共通的核心素养和各个学科的独特方法。

这个综合性的书系不仅对于写作强化课程极有价值，对于进入高级课程的学生、读研的学生和踏上职业道路的学生，也有指津的作用。

前言

本书介绍了史学写作的挑战。本书不仅是一本关于写作的风格手册，还包括技术层面的写作建议。书中讲解了历史学家应如何选择主题、分析史料、组建论点。简而言之，它是初级史学工作者的实用指南。

本书最初源于哈佛写作课程，由哈佛说明性写作计划（Expository Writing Program）与其他院系合力创办，目的是提高本科生写作能力。1995年至1997年，我在哈佛教授写作课程期间，院系领导南希·萨默斯（Nancy Sommers）让我负责联系历史系和科学史系的教授，当时他们正在改革教授写作的方法。当我和院系的同事，特别是马克·基什兰斯基（Mark Kishlansky）和马克·麦迪逊（Mark Madison）一起工作时，我们发现，不管是学生还是老师都能从这种简短的指导中获益。我为哈佛写过两本小册子，当书稿在朋友和其他学校的同事间传阅时，我才意识到，大家很期待出版一本关于史学写作的指南。

第一版于1999年出版时，我受益于以下各位的建议、意见和批评：托尼·英格利希（Tony English）、吉姆·古德曼（Jim Goodman）、戈登·哈维（Gordon Harvey）、毛拉·亨利（Maura Henry）、比尔·柯比（Bill Kirby）、马克·基什兰斯基（Mark Kishlansky）、苏珊·莱夫利（Susan Lively）、马克·麦迪逊（Mark Madison）、埃弗里特·门德尔松（Everett Mendelsohn）、南希·萨默斯（Nancy Sommers）、马克·泰拉尔（Mary Terrall）和乔恩·齐默尔曼（Jon Zimmerman）。从那时起，我就开始在米尔萨普斯学院（Millsaps College）用这本书授课，我的学生和同事也为此提供了大量的优化建议。第二版于2004年出版，我也做了很多重要的修订工作，包括将章节拓展至剽窃、采访、选题和史学中的互联网运用等主题。在准备第二版时，我得到了简·贝蒂（Jan Beatty）、克里斯蒂娜·卢茨（Christine Lutz）、埃伦·斯特劳德（Ellen Stroud）及许多匿名书评者的帮助，上一版帮助过我的马克·基什兰斯基（Mark Kishlansky）这次继续提供了帮助。

随着时光流转，我愈加清晰地意识到，第二版未能全面涵盖互联网作为史学研究工具的内容。于是，在2009年的第三版里，我添加了更多关于如何在互联网上开展研究的内容。我

前言

还重新安排了第一章（"准备开始"），将历史专业的学生如何借助网络开始自己的研究计划纳入书中。此外，还有一些其他改动，包括建议历史系的同学们如何更好地成为其他同学的同行编辑。书籍的排版也更新了，更便于大家将其作为参考资料使用。为此，有五位匿名审稿人以及我的编辑布赖恩·威尔（Brian Wheel）都给我提供过绝佳建议。

仅仅几年后，互联网的迅猛发展促使我和我的编辑们，查尔斯·卡瓦列雷（Charles Cavaliere）、林恩·吕肯（Lynn Luecken）进一步优化了本书。在准备第四版和第五版时，我收到了二十四位匿名史学专业教授的富有见地的书评，还得到了查尔斯·卡瓦列雷（Charles Cavaliere）、安德鲁·帕克斯曼（Andrew Paxman）和德鲁·斯旺森（Drew Swanson）的帮助。在第三版中，我们对利用互联网来从事史学研究的态度已经相当开放，第四版和第五版仍对互联网搜索给出了概述指导，也对牛津在线参考书目（Oxford Bibliographies Online）的优势进行全新介绍，对于就陌生话题开展研究的学生们，它可以提供知识丰富、更新及时的指南。第五版则介绍了从史料来源到数字工具的线上搜索的新方法。第四版和第五版都继续优化了内容的排版布局。

从第一版开始就始终不变的，便是我对以下六位的衷心感谢，在我学习如何进行史学写作时，他们给予了我最大的鼓励。他们是：我的几位老师菲利普·柯廷（Philip Curtin）、罗

7

宾·基尔松（Robin Kilson）、斯科蒂·罗伊斯（Scotty Royce），我的父母比尔·斯托里和玛丽·斯托里（Bill and Mary Storey）以及我的妻子乔安娜·米勒·斯托里（Joanna Miller Storey）。

导言

史学写作乃是不断做出选择的过程。史学工作者从浩如烟海的研究对象中，选出他们认为最重要的一些主题，再对原始史料精心挑选，接着对史料能否支撑或反驳自己的论点进行评估。他们还需选择写作方式，在尊重研究对象和满足读者需求之间求取平衡。

优秀的历史学家擅长做出绝佳的选择，他们能将痛苦的研究变为严谨的论点和叙事。别觉得这轻而易举。表面上看，历史学直来直去，但其写作的过程却面临许多难以抉择的时刻。正如彼得·诺维克（Peter Novick）在《那高尚的梦想》（*That Noble Dream*）中所言，即便手握绝佳的史料和方法，史学写作还是像"要把果冻钉在墙上"（to nail jelly to a wall）[1]（注意，此种不加括号之数字上标均为文末注释）一般。正因如此，历史学家们尝试过诸多探究过去的方法。但是不管如何,他们最后总归要选择一个适合自己研究对象的方法,付诸行动。

从古希腊开始,抉择的过程便引领着西方的史学写作。约公元前404年,当雅典将军修昔底德(Thucydides)在创作伯罗奔尼撒战争史时,他并没有将30年间发生的每场战斗和失败都事无巨细地记录下来。相反,他浓墨重彩地描绘了一些关键时刻,比如伯里克利(Pericles)在雅典阵亡将士葬礼上的著名悼词。根据修昔底德的说法,伯里克利说:[1]

> 我不想作一篇冗长的演说来评述一些你们都很熟悉的问题:所以我不说我们用以取得我们的势力的一些军事行动,也不说我们父辈英勇地抵抗我们希腊内部和外部敌人的战役。我所要说的,首先是讨论我们曾经受到考验的精神,我们的宪法和使我们伟大的生活方式。说了这些之后,我想歌颂阵亡将士……[2]

修昔底德将伯里克利的悼词收录进作品,不是因为它有多么动人,而是他觉得这篇悼词极具教育与启发意义。

像修昔底德一样,当代历史学家也要选择能够揭示当代问题的主题。2000年,乔治敦大学(Georgetown University)

---

[1] 译文引自《伯罗奔尼撒战争史》,谢德风译,商务印书馆1985年版。
　　——译者注

的历史学教授约翰·麦克尼尔（John McNeil）出版了一本名为《阳光下的新鲜事：二十世纪世界环境史》(*Something New Under the Sun: An Environmental History of the Twentieth Century World*)的书，在这本书中，他认为20世纪的人们的所作所为前所未有：人类的生产和消费对地球的空气、土壤和水资源造成了全球性的负面影响。这些破坏性的行为模式不可持续发展，必须做出调整或减少使用。这对全球政治的影响显而易见，特别是针对目前正在进行的气候变化的讨论：只有人们改变自己的行为，那么我们人类物种才更有机会生存下去。[3]

就像麦克尼尔和修昔底德一样，历史学家选择他们认为重要的主题，并探究它们随时间而产生变化的原因。要做到这一点，历史学家就要从许多可能的方法中做抉择。进到图书馆书架区，浏览任意书架上的历史书籍。要注意的是，那些从事狭义地理学和年代学研究的历史学家是从各自不同的角度切入研究问题的。当历史学家写作时，他们会从其他历史学家的著作以及人文科学、自然科学和社会科学的研究中汲取方法和见解。例如，在《哥伦布大交换》(*The Columbian Exchange*)中，阿尔弗雷德·克罗斯比（Alfred Crosby）依靠农学、人类学和流行病学来解释阿兹特克人（Aztecs）和西班牙征服者之间的早期接触。[4]历史学家可以选择的方法多种多样，想把史学写作进行简单的归类谈何容易。

而尽管历史写作如此多样，大多数史学工作者对于评判好的作品仍然抱有共识。史学工作者学习如何寻找资料来源,他们知道怎样如实地反映出史料原意。他们运用手中的史料,对过去之事进行推论,然后将这些推论发展成连贯的论点和叙事。反过来,要想做到前面所述,我们也只有遵守写好语句和恰当选词的写作惯例。历史学者渴望传递他们对过去的看法,且以精准如实的方法实现这一点。

CONTENTS 目录

中文版总序   1

英文版总序   3

前　言   5

导　言   9

第一章
准备开始   001

1.1　发现你的兴趣点   009

1.2　找到一个动机、一个问题   010

1.3　尽早聚焦你的兴趣点   011

1.4　和参考文献打交道   012

1.5　在网上搜索预选数据库   022

1.6　使用工具书资源开启研究项目   027

1.7	在网上开展广泛搜索	029
1.8	审视搜索结果	030
1.9	快速获取第一印象	031
1.10	批判性评估网络资源	033
1.11	和图书馆管理员沟通	036
1.12	多和教授交流	037
1.13	选取独特角度切入主题	037
1.14	继续浏览更多资料	038
1.15	拟写假设	039
1.16	起草研究计划	040
1.17	撰写一份注释版参考书目	041
1.18	多和他人交流你的选题	042
1.19	放弃选题要趁早	042

第二章

解读史料　　　　　　　　　　　045

2.1	区分一手文献和二手文献	046
2.2	用"何人""何事""为何""何地""何时"来提炼假设	048
2.3	对史料中的观点保持敏感	050
2.4	选取重中之重的史料	052
2.5	边做筛选，边做笔记	053

第三章

如实书写历史　　　　　　　　　　**057**

- 3.1　认真收集和汇报史料　　　　　　059
- 3.2　以谨慎和尊重的态度吸收他人的观点　　061
- 3.3　分清总结和释义的区别　　　　　　061
- 3.4　学习如何引用、何时引用　　　　　063
- 3.5　客观对待史料，巧用省略号和括号　　066
- 3.6　学习如何使用引号　　　　　　　　070
- 3.7　不要抄袭　　　　　　　　　　　　072
- 3.8　如实引用，且不做无效引用　　　　075
- 3.9　选择适合目标读者的引用格式　　　076

第四章

运用史料，做出推断　　　　　　**103**

- 4.1　客观看待既定事实　　　　　　　　105
- 4.2　将事实转化成证据　　　　　　　　106
- 4.3　检验事实　　　　　　　　　　　　106
- 4.4　查看一手史料内部是否一致　　　　107
- 4.5　查看一手史料中的自相矛盾之处　　108
- 4.6　对比一手史料和二手史料　　　　　109

4.7	系统地进行口述史研究	111
4.8	对比史料后再做推论	114
4.9	学会利用视觉和物质史料做推断	117
4.10	从推断生成论点	121
4.11	从史料中做出有理有据的推断	121
4.12	做出可靠推论	122
4.13	避免无端对比	125
4.14	避免时代错乱的推论	126

第五章
开始写作！开始谋篇！ 129

5.1	起草论文主旨句	131
5.2	试写分析性论文的提纲	131
5.3	试写叙述性论文的提纲	133
5.4	搭建论文框架	134
5.5	开始撰写初稿	134
5.6	从容优雅地抓住读者的眼球	135
5.7	尽早说明立意	137
5.8	回顾史学文献	141
5.9	用好的段落构建论文	142
5.10	尽早界定关键术语	145

5.11	为文章定好合适的基调	147
5.12	慎重对待其他研究者	150
5.13	为反驳做好准备	150
5.14	引导读者走向有趣的结论	154

第六章

史学写作的叙事技巧   157

6.1	将时间顺序与因果关系相结合	158
6.2	感知变迁与连续性	159
6.3	选好故事中的主角	160
6.4	作为叙事者，找到你的独特声音	161
6.5	选好属于你的故事开端和结尾	163
6.6	精选细节填充叙事	165
6.7	所叙之事须得服务于论点	167

第七章

历史学中的语句写法   171

7.1	选择准确的动词	172
7.2	变被动句为主动句	173
7.3	用过去时态书写	174

7.4	尽量避免分裂使用动词不定式	175
7.5	在句中放上动词	176
7.6	用易于理解的顺序安排观点	176
7.7	基于共识开始一个句子，逐步引入新观点	178
7.8	将重头戏放在句尾	179
7.9	善用排比进行强调	180
7.10	正确表达所属关系	180
7.11	如有必要，打破程式	182

第八章
精准选词 185

8.1	精简行文	187
8.2	要用读者易懂的语言写作	187
8.3	避免在写作中装腔作势	190
8.4	避免口语化表达	191
8.5	对政治措辞保持敏感	191
8.6	对性别措辞保持敏感	192
8.7	避免过度隐晦	194
8.8	措辞中慎用人物对比	194
8.9	智用隐喻和明喻	195
8.10	既要妙笔生花，也要免入俗套	195

8.11	使用读者熟悉的外来词	196
8.12	查看常见的措辞错误	197

第九章

修订与编辑　　207

9.1	对草稿保持判断力	209
9.2	与同等能力者合作编辑	209
9.3	修订初稿	210
9.4	评估自己的论点和叙事	211
9.5	评估句子与选词	211
9.6	校对终稿	212
9.7	谨记规则，享受写作	214

注　释	217
练习答案	223

第一章

准备开始

GETTING STARTED

书写历史可以出于很多原因。历史学者可能对某个具体史料很感兴趣，这种情况下，他们就要借助其他史料来探究该史料的重要意义。如果历史学者已经从历史文献的某处注意到一个可供分析的问题，并决定着手研究，他们就要通过找出相关史料来探究这个问题。还有一种更简单的原因，就是导师指定学生就某个具体史料或可供分析的问题进行写作。在这种情况下，选题范围会有局限。但是不管哪种情况，历史写作的唯一方法就是和史料以及其他历史学家打交道。这其实很有挑战性，因为要找到合适的史料，还要选取恰当作者的作品作为参考著作，实非易事。一篇翔实的、汇总尽可能多史料的综述，可以让历史学家更自信地表达自己的观点。

历史学教授布置给学生们的论文类型主要有以下几种：书评、分析性论文和研究性论文。有时研究性论文仅限于课程项目。还有一些情况下，比方说撰写毕业论文时，论文研究的主题可以是开放性的。论文任务的细节要求各有不同，所以同学们应该认真对待自己导师的具体要求。历史写作重在分析问题，不是罗列事实。

这一章节将指导同学们撰写研究性论文。同学们如果要写分析性短文、书评或对比性论文，请阅读以下题为"短篇分析性论文"的模块。

短篇分析性论文

分析性论文有很多类型，有的只分析一则史料，有的则分析两个甚至多个史料。有些分析的是其研究时段里的一手史料，有些分析的则是近期写成的一些历史著作。教授在布置论文时会要求学生做**评估**（assess）、**对比**（compare）或者**评价**（evaluate）。这些要求都有相对应的具体分析种类。那么，这些词都该怎么理解呢？

Analysis（分析）这个词来自希腊词汇，指"分裂成部分"。把一个史料分裂成一个个组成部分，使我们能更好地理解它的内涵。

- 在构思论文前，分析的第一步就是要具体**描述**（describe）史料来源。它的作者是谁？它阐述了什么？它是如何写成的？

- 第二步就是要将这个史料与其他一手及二手文献**做对比**（compare）。它和同样描写这件事的其他文章相似还是不同？
- 最后一步是针对这个史料来源进行**论证**（argue）。简单来说，论据就是可以被论证的观点声明。基于证据的合理性，你准备通过这个史料来源论证什么观点呢？

教授会提前规定好分析性论文的长度和结构。典型做法是：论文开头的第一段，用以介绍主题、陈述文章的主要论据（或主题）。接下来的段落则是以具有承上启下功能的"指路"型句子和常见的连接句开头。第五章"开始写作！开始谋篇！"中提供了对短篇分析性论文和长篇研究性论文都适用的详细写作指导和范例。

书 评

书评是最常见的分析性文章的形式之一。书评的写作要求一般如下：

请为威廉·克罗农（William Cronon）的书《土地的变迁：新英格兰的印第安人、殖民者和生态》（*Changes in the Land: Indians, Colonist, and the Ecology of New England*）写一篇3～5页的书评。

第一章 准备开始

　　历史学者们阅读和讨论研究专著是家常便饭。所以，假设学生们在上一门关于早期美国史的课程，会读到威廉·克罗农关于新英格兰生态的著作，本书向历史学家介绍了环境史的重要性。在课上讨论这本书，课后写一篇书评，这是常规的操作。

　　写书评绝非易事。教授们布置这项任务，用历史学者布鲁斯·马兹利什（Bruce Mazlish）的话来说是"和书评人评价著作一样，著作亦能评价书评人"[1]。一篇书评足以反映出书评人对该书的理解水平和程度。

　　书评人首先应识别整本书的论点，并用自己的话总结主旨，这一步还算简单，比如："克罗农指出，在北美的英国殖民者认为资本主义具有扩张性，这导致了他们对当地生态环境的大肆挥霍。"下一步就是将克罗农的论点融入历史语境。这和其他历史学者的观点相似吗？在克罗农写这本书之前，一些历史学者已经写过美国原住民和殖民者从事生存和贸易的活动。在《土地的变迁》问世后，许多历史学家也开始跟风。那么，克罗农论点的独到之处到底是什么呢？

　　下一步就是看看这个论点是否有足够的史料证据支撑。克罗农发掘了殖民时期美国的回忆录和新闻报道，又从现代科技和历史角度来分析新英格兰的自然史。在书评中，突出文中最有力和最薄弱的史料，是至关重要的。书评作者要对史料作为证据能否很好地支撑论点做出自己的评价。书评作者也许能够提出专著作者忽略的史料，然而他应保持一个公正的态度，如果研究者没有按照书评者心中所愿去写，也不必在书评中对研究者提出批评。

比较性论文

要求：写一篇 3～5 页的论文，根据你从《土地的变迁》中学到的美国环境史知识，分析西雅图酋长（Chief Seattle）于 1855 年发布的著名演说《怎么能贩卖空气》（*How Can One Sell the Air*）。

在这个案例里，我们有两种文献。第一种文献是西雅图酋长的作品，也是原始文献或一手文献。换句话说，它来自我们正要研究的历史时期。克罗农的书则是二手文献，它来自另一个历史时期并对原始文献的解释。（更多关于一手文献和二手文献的区别，见本书第 2.1 节。）

我们可以通过教科书、集著、网站等多种途径获取西雅图酋长的演讲。通常情况下，这些文献会提供一些背景信息：西雅图这座城市便以酋长之名命名，他的演讲是在反对殖民者的入侵：

第一章 准备开始

空气和土地怎么能拿来买卖?

这让我们匪夷所思。

如果新鲜的空气和透澈的清水不归我们所有,你们又如何从我们手里将这些买走?

当华盛顿首长捎信来说他要买我们的土地时,他是强人所难了。

当他不断向前征服时,这片大陆不是他的兄弟,而是他的敌人。

他对土地上的一切都漠不关心,他忘记了自己父辈的坟冢和子孙的福祉。

    我们要注意,首先要描述西雅图酋长的话语和克罗农在《土地的变迁》中的观点,(描述书中观点这部分我们早先已经完成了。)注意他们论述的模式。通过完整的叙述,我们很容易得知,面对欧洲入侵者的压力,西雅图酋长在捍卫美洲原住民对自然的行为,这段历史也被克罗农记载于自己的书里。西雅图和克罗农都就美洲原住民和欧洲殖民者对美洲环境的行为作出了对比,然而两人的历史语境却有显著差异。克罗农的史料资源来自殖民主义下的新英格兰殖民地,而西雅图酋长生活在19世纪上半叶的太平洋西北部。我们可以由二者的共同点构思出一个可能的论点:克罗农的论点同样适用于美国其他地区的其他历史时期。

这是比较浅显的分析。如果你的教授只允许你使用这几个史料，上述的结论是合情合理的。然而，如果对西雅图首领的演讲做稍微深入一些的研究，就会发现有趣之处。历史学者艾伯特·富特旺勒（Albert Furtwangler）曾经写过一本关于这场演讲的书，名为《回答西雅图酋长》（*Answering Chief Seattle*）。富特旺勒的研究揭示，从来没人真的见过演说的原始文本。西雅图酋长的确在几个会议场合面对首长和官员们讲过话，但他是用杜瓦米什语（Duwamish）发表的演说，并在现场被译成一种更常用的美洲土著语奇努克语（Chinook），又经奇努克语最终翻译成英语。时间的流逝也会导致翻译错误增多。第一份书面版本问世时，距离演说发表已有30多年了，并且书写版的作者是一位当时可能并不在现场的英裔美国人！

史料问题会牵扯出一些有趣的论点。西雅图酋长的演讲可能是虚构的，但是，他的经历的的确确是美洲土著首领们与英裔美洲殖民者在最初几十年里打交道的典型案例。我们可以根据克罗农提供的史料推断出这一点。另外一种可能性则是：包括西雅图酋长演讲的作者和克罗农书中引用文献的作者在内的殖民者的史料来源，也是可疑的。有没有可能，殖民者描述的是他们脑中**臆想**的美洲土著，而并没求证？一些英裔美洲移民者因自己对环境的破坏行为感到愧疚，所以将相反的维护环境的观点安在美洲土著身上，以此凸显土著人的高贵？不管怎么说，这些描述、对比和争论的过程可以加深我们对当时的人的理解。

接下来，本书将着重讲解研究性论文，但同时也会为学生们提供写作分析性论文所需的指导。如有需要，请见第四章"运用史料，做出推断"；第五章"开始写作！开始谋篇！"；第七章"历史学中的语句写法"；第八章"精准选词"和第九章"修订与编辑"。

1.1 发现你的兴趣点

人们可能随时随地会询问你的兴趣点在哪里。在派对上回答这一问题的最好方法，是把你的兴趣点浓缩成干净利落的一句话。但当你进行历史写作时，你要应付的主题和问题往往很难一言以蔽之。撰写研究计划可以帮你厘清并延伸你的兴趣点。

历史学者对某些研究话题感兴趣的原因是多种多样的。如果你想当医生，你会对医学史感兴趣；如果你对核扩散很关注，那你会对物理史很感兴趣。一些历史学者的教学和作品也有可能激发你的某些兴趣点。又或许你的导师会要求你对具体某个话题进行写作。不管你面临何种写作任务，你都要用好你的史料来回答你认为重要的问题。

1.2 找到一个动机、一个问题

导师如果要求你做研究并撰写一篇历史学论文，用互联网的搜索引擎可以就研究主题进行快速检索，比方说在谷歌里搜索，紧接着会链接到维基百科。这对大部分人来说是个好的开始，但是对历史学者来说，却仅仅是漫长网球比赛中的开局球。想写好一篇论文，要从广泛的且有条不紊的阅读开始。我们阅读的书籍、文章和史料越多，就越能写得游刃有余。好的写作还要求我们要主动阅读，也就是说要记笔记，要对读到的引用和参考文献追本溯源，要发掘不同作者间的矛盾之处。这些矛盾的地方才是重中之重。

我们在阅读时，要找到一个值得深入研究的动机和矛盾点。围绕同样一个研究主题，两位历史学者分别进行写作，却几乎不可能得到相同的阐述。为什么他们的观点会相左？是不是他们所用的史料证据不同？是不是他们的政治立场是相反的？你有没有其他数据可用以验证他俩的论点并得出自己的结论？也许所有历史学家就某个主题进行写作时，可能会在某些方面达成共识，但是你对这一领域的个人见解会让你对他们的成果提出疑问。

下一步是提出一个历史问题。通常情况下，这是一个关于过去事件起因的开放式问题。这种问题不是指发生了什么、在哪发生或何时发生这种有事实性答案的问题。历史问题试图追问的是为什么发生和如何发生。答案可以根据证据进行论证。比如，如果你正在研究比尔·克林顿总统的弹劾案，历史学者感兴趣的不是发生了什么、什么时候发生、在哪里发生，而是原因：他为什么会被弹劾？根本原因有哪些？也许这些都与他个人性格中的缺陷有关，也许与过度的政治党派化的发展有关。两者都有可能，也有着各自不同的阐释。最好的历史问题往往能触及细微差别。一个好的历史问题不是在谷歌和维基百科上简单搜索就能得到答案，它涉及对原始史料的积极探索，并充分调动自己的判断力。

1.3　尽早聚焦你的兴趣点

当你开始回答一个历史问题，并就一个主题开始阅读、进行写作时，要意识到在篇幅不长的文章里是不可能充分讨论一个很宽泛的话题的。例如，就算是一篇长达 25 页的论文也不可能涵盖"二战"的所有历史。这类课题通常最好由比学生更有经验和时间的学者来探讨。如果你意识到你的兴趣点太宽泛了，那你可以试试下面这个练习，它可以帮你缩小文章的主题。

如果班里的老师指导大家写一篇关于"二战"的研究性论文，或者你自己在探究某个关于战争主题的开放性研究项目，你可以在下面这个句子中填空："我正在对二战期间位于＿＿＿＿ 的 ＿＿＿＿这一对象进行写作。"一种可能的填空方式是："我正在对二战期间位于意大利的日裔美国士兵这一对象进行写作。"还有另一种填空方式："我正在对二战期间位于美国飞机制造厂的女性这一对象进行写作。"这种练习还可以衍生出无数版本。这种练习能够帮助我们在历史研究之初，明确某个主题和地域特征。

1.4　和参考文献打交道

历史学中可写的内容有那么多，而可用来写作的时间却那么少。截稿日期是悬在每个人头上的一把利剑，但是我们要尽可能将它为己所用。第一件事情就是将你的历史兴趣点转化为一个具备研究可行性的主题。在你广泛的兴趣中找到一个小故事，选择最适宜的史料，特别是当你的论文有严格的页数限制时，这一点尤为重要。

在写作有导师指导的研究论文时，比如有关美国史的课程论文，或者是开放性话题的毕业论文，很重要的一点是，要想清楚自己最愿意探索学习的是什么。我们打个比方：如果你在幼年参观威廉斯堡（Williamsburg）殖民地后就对殖民时期的美洲深深着迷，而且像许多人一样，你对跨文化关系和生态环境也十分关心。你读了克罗农的《土地的变迁》，从中受到启发，准备对殖民时代美洲的环境史进行写作。

尴尬的是，这一类主题更适合写成一本书的长度，而不是一篇短篇论文。你的写作时间和可写的论文页数都很有可能存在限制。怎么才能找到一个话题,既能满足你在时间和页数上的限制,又能拓展你的兴趣点呢?殖民时代美洲的环境史这个话题很显然过于庞大了。克罗农的经典之作仅仅涉及了殖民时代的新英格兰地区,而且他用经年累月的研究,写了200多页,才说清了这个主题。如果你决心就殖民时代美洲的环境史进行写作,最好是通过一个问题来缩小范围,即"我准备写美国的哪个地理区域?"也许你想写的是你居住的小镇、州或者地区。比方说,你住在美国东南部,你对这个地区的历史大致熟悉,和克罗农一样,你也对殖民者和美洲原住民之间的关联很感兴趣。这样一来,选题就缩小了。

网上和图书馆里的文献资源都可以帮你缩小选题范围。大多数学生在开始研究项目时会从互联网搜索入手,除了网络之外,还有大量可用资料,这些史料的可信度时常难以分辨。学者们为其他研究者提供的参考书目和阅读清单是有保障的优质指导。通常,在历史著作的最后都附有高质量的参考文献,克罗农的《土地的变迁》就是如此,当然,他的参考文献聚焦于殖民时代的新英格兰地区。那么,你该如何找到针对美国东南部的相关参考书目呢?

你可以询问图书馆管理员。图书馆管理员可能不懂细节处的具体知识,但是他们知道如何就一个主题找到一份常规的参考书目。以你的情况来说,图书馆管理员大概会在图书馆的目录，或者在世界范围的图书馆目录，即世界联合书目数据库（WorldCat）中进行搜索。通过几个关键词"美洲环境史""参考文献""手册""指南"进行联合搜索，会出现许多可靠资料。搜索结果中会有一本由道格拉斯·卡佐·萨克曼（Douglas Cazaux Sackman）编纂的《美国环境史指南》（*A Companion to American Environmental History*）。在资料室或者藏书架上找到这本书，你会发现这本书虽然很厚，但是在目录里扫视一下就能找到有一章叫"1810年前后的自然文化"，由马修·丹尼斯（Matthew Dennis）撰写，这一章对我们帮助极大。丹尼斯写了一篇关于殖民时代美国环境史的论文，其参考文献的许多研究都涉及美国东南部。

图书馆管理员还可能会推荐你搜一搜JSTOR，还有一种被称为史学史论文的学术期刊文章。史学史是一门关乎历史学家如何思考的学问。历史学家时不时会撰写史学史论文，对某一研究领域进行总结。就殖民时代的美国环境史而言，彼得·曼考尔（Peter Mancall）有一篇著名的文章，标题十分吸睛：《历史学家的猪：超越土地的变迁》（"Pigs for Historians: Changes in the Land and Beyond"），2010年4月发表于《威廉与玛丽季刊》（*William and Mary Quarterly*，第67卷，第2期，第347～375页）。曼考尔回顾了克罗农等人的主要著作。这篇文章可以帮你生成一份各种主题的阅读书单。

当你逐步搜寻这些书目并且粗略阅读，也是进一步缩小选题范围的绝佳时机。还有一个更有效且轻松的方法就是，直接向你的教授寻求建议。你的教授会非常乐意一同探讨某一研究选题，特别是你已经有了一份可供使用的参考书目并且根据自己的兴趣点有了些具体想法。教授们很熟悉其他学者的主要著作，进而会推荐一些书目，这些书目包含研究概述和有用的参考文献。以殖民时期的美国东南部的环境史为例，许多教授推荐的第一本书是蒂莫西·西尔弗（Timothy Silver）的《乡村新面孔：1500—1800年间南大西洋森林中的印第安人、殖民者和奴隶》（*A New Face in the Countryside: Indians, Colonists, and Slaves in South Atlantic Forests, 1500-1800*），这本书也同样出现在丹尼斯的参考文献中。

当你在读西尔弗的书时，会发现和克罗农的书一样，它们都是易于理解、深入浅出的。仔细回顾这本书及其参考文献，我们不难发现，西尔弗从克罗农的书中获得了灵感。你可以边读西尔弗的书，边缩小自己的选题范围。具体哪个话题更能引起你的关注？同时，哪些段落让你深受启发？西尔弗在书中第43页记录了美国土著人关于动植物的信仰和民俗。在描述完切罗基族（Cherokee）猎人如何通过宗教仪式来抵御动物精灵之后，西尔弗转而描写了种植玉米的仪式。

还有其他一些关于植物世界的仪式。或许其中最重要的就是绿玉泰典礼（Green Corn Ceremony），这是一套精心的涤罪和庆祝的典礼流程，目的是祈祷玉米成熟。尽管这项典礼的确切内涵在不同族群中不尽相同，但是在该节日通常都会有舞蹈、禁食、打扫居所、举行集会、重新生火、赦免前一年罪行的活动。所有这些都在努力向大自然馈赠的谷物表达感谢以及用洁净身躯和心灵开启新年。威廉·巴特拉姆是一位贵格派博物学者，他曾于1770年代中期在美国南部旅行，当切罗基族酋长给他玉米让他喂马时，他也曾发现印第安人对于玉米的敬畏之心。巴特拉姆将酋长的这个举动视为对自己表达"最高礼遇"，因为印第安人相信"谷物乃大神所赐，仅供人类食用"。他们对野生植物也有类似的尊崇。当采撷人参这种带有芳香的草药时，切罗基族人将其视为"一种有感知能力的存在……如果有不配采摘它的人出现，它能自己隐身藏起来"。在采集香根时，印第安采集者会略过最先碰到的前三株，从第四株开始采摘，在采摘前做祷告并将一颗小珠子作为补偿，赠予植物精灵。在完成这个仪式后，其他的植物就可以按需采摘了。

在写这一段时，西尔弗对于切罗基族的典礼仪式的描写，引用了两本现代著作以及一份来自18世纪的一手史料，即《旅行笔记》（*Travels of William Bartram*）。巴特拉姆曾在美洲

第一章 准备开始

南部旅居并对美洲土著有过描写，对我们来说，这本书的可信度应该是较高的。下一步就是去找巴特拉姆的书，当然也包括通过参考文献里提供的线索追寻其他著作，或者在 WorldCat 以及图书馆的线上目录里查找。

牛津在线参考书目数据库（Oxford Bibliographies Online）有很好的使用指导。这个资源可供大多数大学的图书馆使用，也可供个人使用。通过网址 https://www.oxfordbibliographiesonline.com（详见图1.1）进入主页。因为我们要研究的是

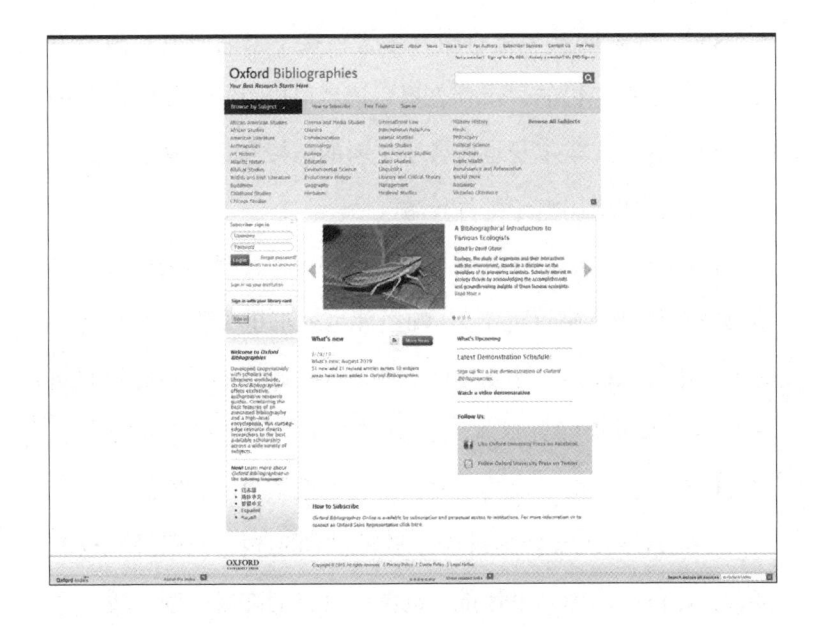

图 1.1

来源：https://www.oxfordbibliographies.com/

跨文化关系和殖民时代的美国环境史，点击"大西洋史"（Atlantic History）模块（大西洋史一般指的是 15 世纪晚期至 19 世纪晚期的非洲、美洲和欧洲间的互动历史，也就是哥伦布从西班牙航行至加勒比海开始，直至美洲结束奴隶制）。

点击"Atlantic History"（大西洋史），会出现表格式的目录，每个选项的小标题代表了一个大西洋史中的具体领域。下滑浏览网页，并点击"Environment and the Natural World"（环境和自然世界）。由此会打开一篇有关大西洋环境史的小论文，作者是专家学者苏珊·斯科特·帕里什（Susan Scott Parrish）。她的这篇文章将引导你进行接下来的研究。为了方便定位，在最左边的目录列表里，读者可以自行根据需求前进或后退。这篇文章本身也包含了史料的链接和相关文献，并且可以供人打印或用电子邮件传输。

通读这篇文章，作者会推荐给你许多殖民时期的史料，包括巴特拉姆的《旅行笔记》。帕里什也就书里关于美洲土著人的记载进行了推荐。这也是西尔弗之前在印刷书目中提到的同一本书。如果想找到这本书，只需点击文中链接至 WorldCat 即可得知，你所在学校的图书馆是否有某本书的副本。

首先，WorldCat 会提供给你不同版本的选择（详见图 1.2）。接着，你可以选择帕里什推荐的阅读书目的准确标题，找一个最新版本，一般就是结果显示出的第一个版本。

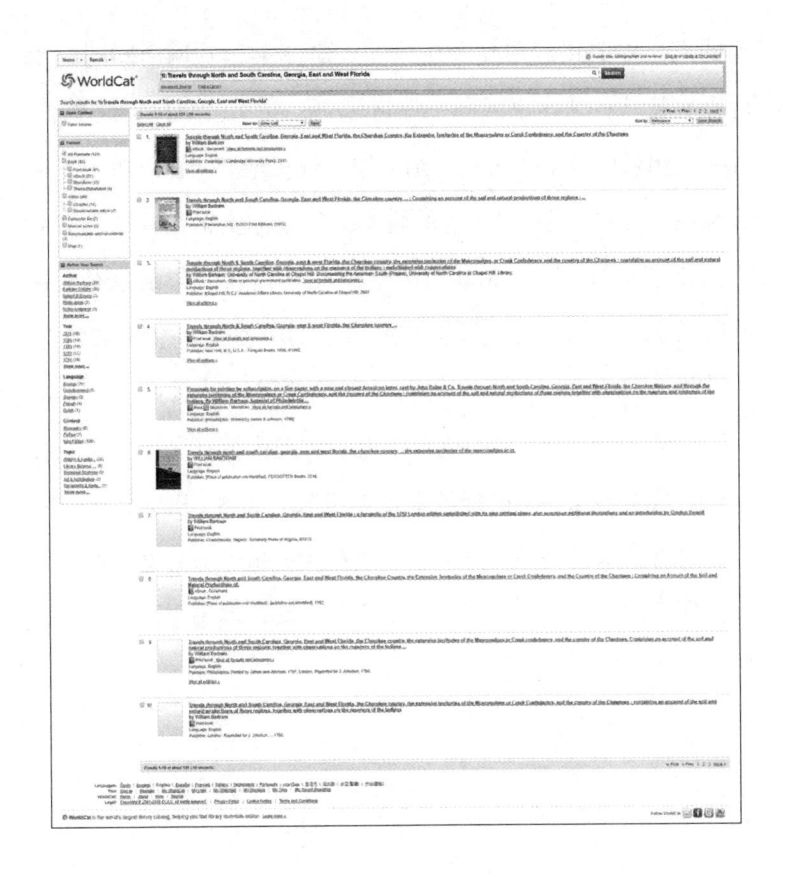

图 1.2

来源：https://www.worldcat.org/

如果是我自己来做这个研究，我会点击 WorldCat 上列出的巴特拉姆的《旅行笔记》，然后 WorldCat 会确定我的所在地，列出米尔萨普斯学院（也就是我执教的学校）图书馆收藏的书，同时给出建议，即在附近图书馆里，我还能找到哪些相关的书。WorldCat 和我所在地的大学图书馆在网上联通，我可以直接获得这本书的图书编目号码，并在书架找到这本书。万一我想看的是电子版本，图书馆会提供给我《旅行笔记》在谷歌图书（详见图 1.3）上的版本。如果你觉得在谷歌图书上阅读比较麻烦，WorldCat 也会给出几个最新的印刷版本。谷歌图书上该书的版本更新至 1792 年，也就是这本书继 1791 年在费城（Philadelphia）出版后，在伦敦重印的版本（详见图 1.4）。那个年代的书名，比现在更能体现内容。从扉页也能看得出，这本书描写了巴特拉姆在美洲东南部的土著人地区的旅行。巴特拉姆也在书的开头就直接提到，他也会对这个地区的自然环境进行评述。好了，终于要开始读这本书了！

第一章 准备开始

图 1.3

来源：https://millsaps.on.worldcat.org/

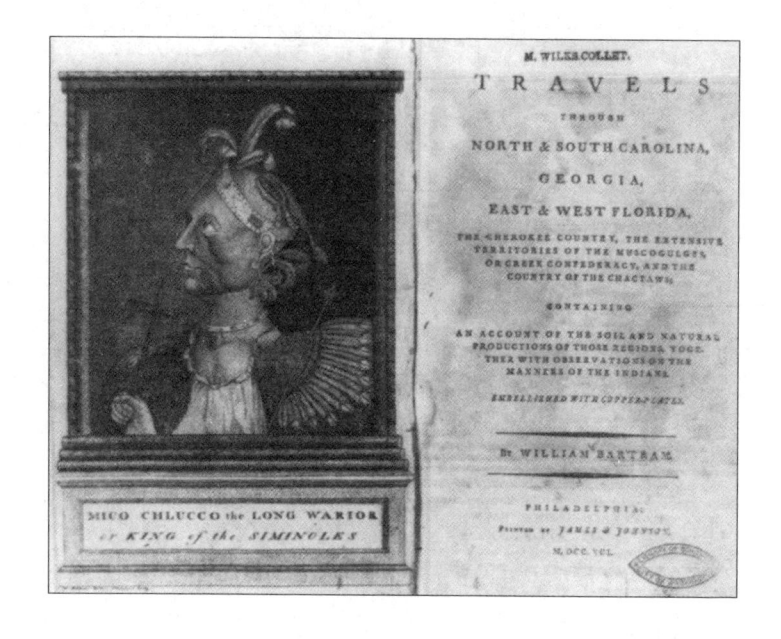

图 1.4

来源：Courtesy of the Library of Congress

1.5 在网上搜索预选数据库

目前为止，为了划定写作殖民时代美国环境史论文的文献范围，我们已经使用了印刷版的参考文献和牛津在线参考书目数据库。我们的搜寻已经初见成效。

这么多资料信息摆在我们面前，汗牛充栋。还好有学者、图书馆管理员和档案保管员为我们筛选了在专家学者看来值得一读的著作，而且很有可能在网上就能读到。其中一些资源对

第一章　准备开始

公众免费开放，还有一些资源，无论图书馆还是个人，都需要支付费用或订阅后才可阅读。

1. **在线上图书馆目录里搜索图书**。大多数图书馆目录都已实现电子化。很多著作都可以在网上阅读。最好的方法就是使用 WorldCat 进行搜索，因为它是一个将全球图书馆目录都连接在一起的电子图书馆目录。这是一项被广泛使用的订阅服务，它可以告诉你，你所在的图书馆是否有你正在寻找的某本书。即便本地没有这本书，在单击鼠标出现的新页面里，你可以通过馆际互借功能，在本地借阅其他图书馆的这本书。如果你当地的图书馆没有订阅 WorldCat 服务，那么你也可以先在图书馆的分类中搜索一下，然后转向一个更大的线上图书馆目录，比方说美国国会图书馆（网址：https://catalog.loc.gov）。在这个网站，各个学科的大部分书籍都能找得到。在电子图书馆目录搜索图书的秘诀就是搞清楚信息的组织形式。图书馆里的大部分书籍都有自己的作者、书名和主题。要想找到正确的标题，就要从关键词搜索开始。要使用关键词搜索，就必须学会使用区别性词汇。如果输入"环境史"，搜索出的结果太多，那么可以更具体一点，比方说输入"colonial environmental"（殖民时代的环境），但即便这样，也还是会找到一大堆结果。

想得到范围更窄的搜索结果，你可以顺着你感兴趣的某本书的主题栏寻找。点击主题栏以链接到该主题下的其他作品。需要注意，主题搜索和关键词搜索不同：关键词搜索会把你输入的词转化成大范围的搜索指令，相比之下，主题栏搜索是由国会图书馆设置好的。你只有原封不动点击或输入某主题词，才会出现相关搜索结果。（你可以询问图书馆管理员，他们都能介绍如何在国会图书馆使用主题搜索这一功能。）一旦你发现了有用的主题，可以利用它链接到其他主题，点击作者和书名来找到相关书籍。比方说，巴特拉姆的《旅行笔记》的主题搜索页显示的是作者和他的历险等信息。WorldCat会显示出许多有用的主题信息，包括"北美印第安人—南部州—1800年前的早期作品"（Indians of North America—Southern States—Early Works to 1800）。点击这个链接将出现更多同时代的其他游记，包括博苏（Bossu）和米尔福特（Milfort）的作品。另外，主题栏搜索还会显示出一本关于巴特拉姆的当代专著，由格雷戈里·瓦谢尔科夫（Gregory Waselkov）和凯瑟琳·布朗德（Kathryn Braund）合著的《威廉·巴特拉姆论东南部印第安地区》（William Bartram on the Southeastern Indians）。只要简单地点击鼠标，这些书都能找到。如果你本地的图书馆没有馆藏，点击"从其他图书馆借阅本书"（Get This Item from Another Library），就可以通过馆际互借功能进行预约。

2. 在线上数据库中查找期刊。 学术期刊上的论文和书评常

第一章 准备开始

常是该领域的指路明灯。许多图书馆都会订阅相关数据库，以保证读者们可以在线上搜索，例如由 EBSCO Host 提供服务支持的 Academic Search Premier 数据库。这些数据库有时候可以为读者提供全文阅读。如果所找文章不在数据库里，EBSCO Host 也会提供纸质版的出处或者通过馆际互借功能来进行该文章的预订服务。期刊的全文可以在 JSTOR（西文过刊全文数据库）、Project Muse（Muse 项目）阅读。开启订阅服务的图书馆可以通过这几个平台查阅到成百上千的现刊与过刊。

3. 谷歌图书。谷歌公司一直致力于将全球图书电子化。它和世界上一些最重要的图书馆均有合作。由于 1922 年之前出版的书籍不涉及版权问题，目前谷歌正在努力将这些书籍全文电子化，供世人阅读。1922 年以后出版的图书则可以通过谷歌或其他供应商购买阅读服务。在 https://books.google.com 中搜索"威廉·巴特拉姆"，会搜索出许多结果。

4. 搜索史学网站。本书第一版在 16 年前面世时，对互联网的态度是不屑一顾，并告诫学生远离充斥着垃圾的网络资源。时过境迁，如今的互联网能为历史学者提供数以千计的优秀史学网站。档案室、报纸和学术机构都会将史料的文字和图片上传至云端。许多学者都会收藏一些信息丰富且互动良好的网站。

- 国会图书馆已经创立了众多美国记忆项目（American Memory Project），可以在线查阅到数以万计的文献、图片和记录。网址：http://memory.loc.gov。
- 在国会图书馆的协作下，许多美国报纸被转录到一个名为"美国年鉴"（Chronicling America）的可供检索的网上数据库。网址：http://chroniclingamerica.loc.gov。
- 美国数字公共图书馆（Digital Public Library of America）也提供海量资料，网址：http://dp.la。
- 美国乔治梅森大学（George Mason University）的历史与新媒体中心（Center for History and New Media, George Mason）拥有传统学术作品和原始史料，这些资料也提供线上获取途径，网址：http://chnm.gmu.edu。
- 许多国家及地方档案馆也致力于让自己的部分藏品开放网上阅览。
- 还有一些专门针对某些具体史学专题的网站。埃默里大学的奴隶贸易数据库（Slave Trade Database, Emory University）在相关领域的资料十分详尽。网址：http://slavevoyages.org。
- 阴影山谷（The Valley of the Shadow）网站为学者们提供了南北战争中两大区域[一个在宾夕法尼亚州（Pennsylvania），一个则在弗吉尼亚州（Virginia）]的详细历史。网址 http://valleyvcdh.virginia.edu。
- 维多利亚时代网站（The Victoria Web）则包含了上百份

维多利亚时代展现英国全貌的文献和档案。网址：http://www.victorianweb.org。
- 老贝利在线网站（The Old Bailey Online）保存了 1674～1913 年间英国最出名的法庭审理过的 197745 桩刑事审判。网址：http://www.oldbaileyonline.org。
- 美国国会图书馆的精品网站"虚拟书架"，为我们提供了最广泛的书单。网址：www.loc.gov/rr/askalib/virtualref.html。

越来越多的像这样的网站跨越了遥远的空间，节约了原本高昂的研学费用，让学者们可以线上获取资源。如今，许多研究工作在家便可以完成。即便如此，精品史学网站还是难得一见。许多大学图书馆会将最受历史学者欢迎的网站资源罗列出来。

1.6 使用工具书资源开启研究项目

基础性的工具书，包括百科全书、词典和教科书，涵盖了许多的兴趣点和话题。这种参考书籍大多数可以在网上获取。

1. 百科全书。一本好的百科全书可以让你对某一话题有一个最初的宽泛理解。它会提供一些最基础的解释，也会给出一些相关学科的提示。需要注意的是，百科全书只能用于介绍话题。如果你的论文仅仅建构在百科全书的内容之上，便不会给读者留下深刻印象。

但不管怎么说，《不列颠百科全书》(*Encyclopedia Britannica*，又称《大英百科全书》)的确可以给出关于殖民时期的美国的基础信息，也有插图和参考文献。这种情况下，百科全书可以帮助我们开启研究项目。通过在线版的《不列颠百科全书》搜索"美国史"(United States history)，会出现一篇题为《美国：历史》("United States history")的文章，这篇文章会给我们一个总览。进阶的历史专业学生可以直接搜"William Bartram"(威廉·巴特拉姆)，搜索出来的短篇人物传记会更有用一些。不管是线上，还是图书馆的工具书区，一般都有更为具体的历史系列百科全书，很值得一试。

2. 词典。运用词典也是探索一些主题的快速途径。需要注意的是，词典分为三类，用途各不相同。诸如《韦氏大词典》(*Merriam-Webster's Collegiate Dictionary*)这类的规范性词典告诉读者词汇的正确使用规范；像《美国传统词典》(*The American Heritage Dictionary*)这种描述性词典，会展示词汇在真实生活中的使用习惯；而历史词典，就像《牛津英语词典》(*The Oxford English Dictionary*)，则是告诉读者词汇在一定历史时期内的用法。

如果以殖民时期的美国环境史为例，这些词典的用处似乎不大，但是也值得一查，结果总会出人意料。我们一直提到巴特拉姆的《旅行笔记》，那么在《牛津英语词典》里查查"自然主义者"（naturalist）会很有趣，因为在巴特拉姆那个时代，人们都会称他是自然主义者。从《牛津英语词典》查到的该词的核心含义在今天并没多大差别，是指"自然科学领域的专家或学生、自然哲学家、科学家"，虽然在现在这个时代，巴特拉姆大概率会被称为科学工作者或者自然作家。陈列在图书馆资料区的其他常见的专用词典也都各有用处。比如，《美国传记辞典》（Dictionary of American Biography）也收录了"巴特拉姆"（Bartram）的词条。但即便如此，词典在这种情况下并不能提供什么有趣的科研主题。

3. **教科书**。虽然传统意义上的成册装订的教科书更好，但是，历史学教科书的线上资源逐渐增多。教科书里通常会涵盖许多有用的研究主题，也会提供参考书目。殖民时代的美国史会占据教科书中的大量章节和时间线，但却甚少涉及环境方面。可以通过书中提供的参考书目进一步查阅相关文献。

1.7　在网上开展广泛搜索

大多数使用电脑的学者都会用高质量的搜索引擎来辅助自己的研究项目，比如谷歌（网址：https://www.google.com）。

在搜索框内输入你的关键词，谷歌会在互联网上帮你查找，根据搜索结果的相关性，依次将每个相关缓存页或者"快照"页面保留并反馈给你。谷歌判断网页相关性的依据并不是看它们对史学研究是否有意义，而是看某个网站的链接数。

尝试用具有区别性的关键词进行搜索。有时，你想广撒网，搜索某个宽泛的概念。有时，你想搜索某个具体的人名和书名。回到殖民时期的环境史，让我们在谷歌简单输入"William Bartram"来开始这项研究（如今，谷歌的搜索结果开始因人而异了，取决于你之前搜过的内容）。我自行搜索了"William Bartram"，谷歌为我发掘出了好几个有用的网页。

1.8　审视搜索结果

学者们怎么判断哪些网页的可信度最高呢？浏览搜索结果首页上的标题列表，可以看得出这些网页由何种机构发布，从而评估其可信度。网页发布方在传播事实方面，须拥有良好的声誉。发布机构的管理应能给网页提供支持并且把控网页内容。相反，如果这个网页是为了娱乐、挣钱或传播不实信息，那么阅览时一定要多加小心。一个快速检测网页发布方的办法就是看看它的域名，也就是发布机构名称后的后缀：网址中包含".edu"".ac"".gov"的一般是隶属于学术和政府组织的网站。最不济，网页内容的作者也应为该机构所认可或雇佣。一般来说，这些网站是能够代表该机构的官方观点的。还有一点要注意的是，以".org"".net"".com"".co"结尾的网址也很常见，要知道，社会上有张信用卡的人都能创立这种网站。这种网站要么是商业性质，要么是私人性质，也就是说，历史专业的学生在访问这种网站时，应保持极大的怀疑。

1.9 快速获取第一印象

首次点击谷歌页面搜索出的结果，就能反映出这个网站的可信度。以在谷歌中搜索"William Bartram"为例（详见图1.5），下面的几个标准可以帮你对网站进行快速评估。

1. 网页内容的作者是谁？ 考虑到自己的声誉，作者的知名度越高，就越会对网站的内容负责。如果网站的作者是确定的，那么接着搜索他的姓名，就能验证内容的可靠度和关联度。作者是不是该网页所涉主题领域的权威专家？作者是否有资格撰写有关该历史主题的文章？

2. 这个网页是否有印刷版的出版物？ 许多网站刚开始都是由印刷出版物发展来的，或者，印刷版和线上版本同时存在，如果是这种情况，网页内容的质量也许会更高一点。因为印刷品的成本较高，从而在内容把控方面也会较为严格。通常来说，刊印书籍和期刊需要花费大量的时间和精力。史学著作在正式出版和发行前，要经过编辑和审稿人的层层把控。所以，许多学生都养成了信任实体印刷品资料的习惯。相反，发布网络资源的成本低、速度快，进而也会导致对内容质量的失控。现实中，发布个人网页几乎毫无门槛。

图 1.5

来源：https://www.google.com/search

3. 网站上的内容在现实中是否有实体版本？如今，许多出色的史学网站都由史学档案馆制作。在这种情况下，我们可以去档案馆里求证，网上内容与实体档案内容是否一致。

4. 网页的基调是什么？从某种意义上来说，内容的客观性在网页的基调中便可以看出来。许多网页写出来便是为了娱乐大众或者鼓吹某种观点。一些网站虽然客观了许多，但却是写给另一群受众，比方说年轻读者、狂热分子或者业余爱好者。判断一下网页的基调，对前期评估大有裨益。

5. 网站是否提供参考文献目录？做史学研究，学术留痕对于后续研究者十分重要。这能方便我们确认或反驳作者的观点。如果没有参考文献目录，就很难证实文中信息。这种信息来源难以让人信服，所以也不适合在史学论文里引用。

1.10 批判性评估网络资源

现在，让我们来评估下谷歌中搜"William Bartram"结果中出现的网页吧，其中一些是可信度较高的，还有一些则不是这样。

1 "威廉·巴特拉姆"在维基百科——自由的百科全书中的结果。现如今，很多历史专业学生都会将维基百科作为他们文献参考的起点，因为使用谷歌搜索，搜出来的第一个结果通常就是维基百科的文章。维基百科作为网络上的百科全书，里面的文章由成百上千的志愿者共同撰写。为了保证文章质量，志愿者会帮着修订、更新和编辑，但是没有编辑委员会来验证内容的准确性。维基百科中也存在错误。所以一些历史专业的导师严禁自己的学生将维基百科作为论文引用的出处。另一些导师则反其道而行之：他们鼓励学生们当维基百科的志愿作者，以此优化维基百科。不管怎么说，最好还是不要在正式论文写作中引用维基百科的文章。可以像读百科全书一样来使用维基百科，以此获得某个主题的初步方向。研究的好坏更多还是依赖研究者本身。在我们的案例中，维基百科中的巴特拉姆词条，很好地描述了巴特拉姆生平的基本方面，并且给出了深入了解的相关网页链接。要谨慎对待从维基百科中找到的这些信息，至于更进一步的信息，有待在其他资料来源里发现了。

2. "威廉·巴特拉姆的游历"。这是巴特拉姆之路研究会（Bartram Trail Conference, BTC）这个组织专门制作的官方网页。据网站信息，研究会成员致力于维护巴特拉姆的旅途旧址，且通常鼓励人们研究巴特拉姆的生平。网站包含了许多有用的旅途旧址的链接，都与巴特拉姆的旅程和发现有关。这里有学生研究论文的资料来源，包括图片、文件和论文。如果你有幸预约到访其中某些旧址，这些旧址景色十分宜人，都是原

第一章 准备开始

来切罗基族、克里克族（Creek）、乔克托族（Choctaw）和塞米诺尔族（Seminole）的领地。

3."威廉·巴特拉姆"。这是巴特拉姆的简短传记。大致浏览一下，这个网页似乎提供了一些细节信息，这让它的可信度有所提升。然而，网站上并没显示作者的名字，只留了一个商业网站的电子邮箱地址。因此，对这个网站也要持怀疑态度。另外，关于巴特拉姆的传记，能找到的还有许多，所以我们不必依赖这个网站。

4."威廉·巴特拉姆"。这个网页也是关于巴特拉姆的商用网站，然而它着重在和巴特拉姆旅行旧址有关的佐治亚州北部的旅游和观光内容。还是那句话，带有商业导向的网站和到处可见的重复信息都可以忽略，继续查看其他资料来源。

5."威廉·巴特拉姆的图像"。在谷歌上全面搜索与这个人有关的图片资料。如果想专门搜索图片信息，那么点击谷歌页面左上角的"Images"（图片）。我们能找到很多巴特拉姆的图片和插图的复制品。这些图片对于学术论文来说还是很值得研究的。我们要带着质疑的态度来浏览互联网上的图片。像图书馆、博物馆这类身份明确的专业机构出品的网站，声誉良好，值得信赖。

6. "《新乔治亚百科全书》"（*New Georgia Encyclopedia*）：**威廉·巴特拉姆在乔治亚州**。点击这个链接，就会出现《新乔治亚百科全书》中关于巴特拉姆的一篇文章。检查这个网页质量的方法非常简单：单击这个百科全书的主页，便会显示它是由乔治亚州人文科学理事会（Georgia Humanities Council）支持，与乔治亚州立大学出版社、州长办公室等部门合作出品的，这些都是被认可的组织机构。并且，文章的最后也有作者的名字，来自奥古斯塔州立大学（Augusta State University）的爱德华·J. 卡欣（Edward J. Cashin）。在谷歌上搜索"edward cashin augusta state"，我们可以从无数的网页，其中也包括《新乔治亚百科全书》里的词条，得知卡欣是研究乔治亚州州史的著名专家，于 2007 年逝世。根据以上信息，可以判定卡欣在《新乔治亚百科全书》撰写的有关巴特拉姆的文章可信度极高，并且文章的受众也正是后续研究者。卡欣在给出的参考书目中列出了十本专著，这些书将进一步帮助你深入自己的研究。

1.11　和图书馆管理员沟通

在史学世界里，图书馆管理员们是无名英雄。历史学家很大程度上依赖图书馆管理员的辅助，大家共同协作致力于保护留存文献资料。图书馆管理员们知道该如何组织这些信息并且可以帮助史学工作者找到需要的资料。如果你遇到困难，可以询问图书馆管理员，大学图书馆管理员和公共图书馆的图书馆管理员长期在一线工作，致力于将资料信息组织好并上传云端。通常情况下，他们也可以为你提供网络搜索方面的帮助。如果你有疑问，咨询下图书馆管理员。他们欢迎你提出问题。

1.12　多和教授交流

以上列出的判断标准都不能单独作为判断一个网页是否可信的依据，要把这些标准综合起来衡量，才能有效进行判断。如果你对自己在线上或者线下找到的史学资源还是抱有疑问，可以把它拿去给你的教授看看，就算把带有疑问的网页用电子邮件发给教授看看也行。事先询问总比已经写成论文后受到老师质疑要好。

1.13　选取独特角度切入主题

规模较大的大学，其图书馆里有关殖民时期美国环境史的藏书也许有上千册，说不定还会有一些特殊的手稿、藏品。就算是在小型图书馆，也能找到几十本与这个主题相关的书。不要为此感到挫败，要学会给你的选题增加更多侧重点。

回忆一下你读过的相关著作和修过的课程。如果你喜欢读人物传记，就可以从人物入手，找出像巴特拉姆一样对这一领域做出重大贡献的人。如果你喜欢读社会史，可以尝试从阶层、性别或者种族的线索来探索这一主题。又或许，你对这段历史中的某一特殊地点或时间段有特别的关注，继续在图书馆和互联网上积累信息，直到你已针对某个合理的侧重点，掌握足够多的史学资料，能用以完成你的论文。

1.14　继续浏览更多资料

如果想对一个选题做出明智的选择，只有一个办法：利用图书馆书架和网络资源，重新梳理潜在可用的资料，对资料的质量和数量都要做到心中有数。是否有足够的资料来支撑这篇论文？还是说，资料太多，选题还得继续缩小范围？所选资料的出版时间也很重要，这些资料是不是最新的学术成果？还是说，它们早已过时了，又或者它们正好就是你所研究的历史时期的古老资料？

在研究初期，最好能从范围较窄的资料基础上开始，逐步扩展到更宽广的文献资料。你在图书馆的书架上搜索书籍时，会看到不断有其他著作出现，慢慢引导你拓宽文献范围。但是要牢记，你可用的时间和要写的论文都有诸多限制，所以早期研究时，在搜索资料时不必面面俱到。

1.15 拟写假设

一篇基于史学研究的论文通常要针对主题得出新的结论。这是件极富挑战的事情,也许你会问自己,写一篇有关殖民时期美国环境史的论文到底是否还有意义?克罗农和他的研究学者们其实已经就这一主题写过大量作品。对于这一主题,你是否还有独特的新角度?

在确定主题的同时,你应该开始形成一个研究问题,我们在前面的第 1.2 节提到过。在积累研究材料的过程中,就到了形成假设的时候,这是撰写研究论文最重要的步骤之一。这个假设不是一个普普通通的问题,而是贯穿你论文始终的提问。要带着这个假设去通读文献资料,尝试在文献中寻找这个假设的答案,在寻找的过程中,再次精练自己的假设。如果你在研究中一直坚持这么做,你离形成一个论点也就不远了。

如何提出一个假设呢?先把问题都一一写下来。比方说,你的研究侧重点在巴特拉姆,下面这几个问题也许会引起你的兴趣:(1)巴特拉姆是什么样的人?(2)他的旅程和其他科学家有何不同?(3)殖民时期的自然主义者,其研究的科学性如何?(4)巴特拉姆是个孤军奋战的天才,还是说,他有其他帮手?

现在,问自己两个问题:对于上面这些问题,你是否能就潜在答案组织起一个论点?这个问题是否会牵扯到史学中更广泛的话题？问题（1）和（2）仅仅是描述问题，不牵扯到论点。问题（3）可以引发一个讨论（是，巴特拉姆对待科学很严肃；不，他没那么严肃）。但这样的讨论，在18世纪也许很重要，对于今日的史学界却无足轻重。问题（4）看起来是更靠谱的历史问题。我们可以就此回答科学研究的社会维度，这是历史学者常用的方法。这也可以让我们知晓，巴特拉姆的知识是不是来自美洲土著人，以及这是否会改变历史学家对殖民时期科学的看法。

1.16　起草研究计划

当你完成了初步研究，可以起草一个一页的研究计划。请你的老师和朋友都读一读，提提建议。即便他们不读，写作研究计划的过程也会帮助你记录你的思绪。撰写研究计划，可以让你在早期就能反思自己的选题。

研究计划应回答以下问题：

1. 你的主题是什么？简明阐述。
2. 你准备回答哪个历史问题？
3. 你的假设是什么？或者说，你准备对你的假设提出怎样的基于史料的初步论点？
4. 你的读者能从这个研究中学到什么？你有哪些创新？

或者，你能为原本普通的知识赋予全新阐释吗？

5. 为什么你的研究是有意义或有趣的？讨论下你的研究与历史学中的哪些更广泛的问题存在关系。

6. 哪些是你的基础史料？给出一个简明的参考文献目录。

7. 你是如何评估你的史料的？你是准备使用图书馆里的图书还是档案文献，抑或要分析实物和绘画作品？你所采用的资料中有没有外文文献，如果有，你能否读懂？你会不会用到其他学科的研究方法，比如社会学？

1.17 撰写一份注释版参考书目

进行到这一步，就该编写一份带有注释的参考书目了。这个练习会帮助你衡量你的文献资料，是否足够丰富，足够权威。你可以根据本书第三章（"如实书写历史"）末尾处给出的撰写参考书目指导来组织你的文献资料。当你列完你的参考书目时，要对这些专著和选择的理由给出小结。关于资料来源的注释应简明扼要。每个资料的详略可能不尽相同，但是每个书目写到150个词左右已经足够。关于注释版参考书目的范例，请参考牛津在线参考书目数据库（Oxford Bibliographies Online）。

这些总结应回答以下 4 个问题：

1. 这份资料的类型是：一本书，一篇期刊文章，还是一份历史文献？

2. 这份资料的中心观点是什么？

3. 这份资料运用了哪些史料证据？

4. 这份资料和你的研究有何关联？

1.18　多和他人交流你的选题

要多和身边的人说说你的选题，包括你的老师和朋友们，千万不要害羞。在你感兴趣的领域寻找专家，这也是件非常有趣的事儿。专家们是非常乐意和其他研究者讨论具体研究问题的，特别是当你已经准备好了深思熟虑的问题并撰写了研究计划。如果专家们正巧还是历史学教授，那你可以在办公时间去拜访他们，或者约一个时间见面。你还可以尝试找找学校里其他院系的教授，甚至校外教授。比方说，你正在研究巴特拉姆，你就可以尝试和这个领域的其他研究者取得联系，而且你也可以到巴特拉姆游历过的重要旧址去参观学习。

1.19　放弃选题要趁早

查找资料、拟写假设和起草研究计划的过程，都是在检验你的选题是否可行。如果经过一两周的努力，你觉得这个选题无法进行，那就果断寻找另一个。能让人终止一个研究选题的理由数不胜数：可能是你找不到足够多的资料，或许是你发现这个题目并没那么有趣。早日摆脱不当选题，总比沉沦其中要好。

本章回顾

1. 找到你感兴趣的主题。
2. 提出一个历史问题。
3. 充分挖掘图书馆中的线下和线上资料。
4. 阅读参考文献，发掘更多资料。
5. 确认你所搜集的资料适合本研究。
6. 阅读资料并拟写假设和研究计划。

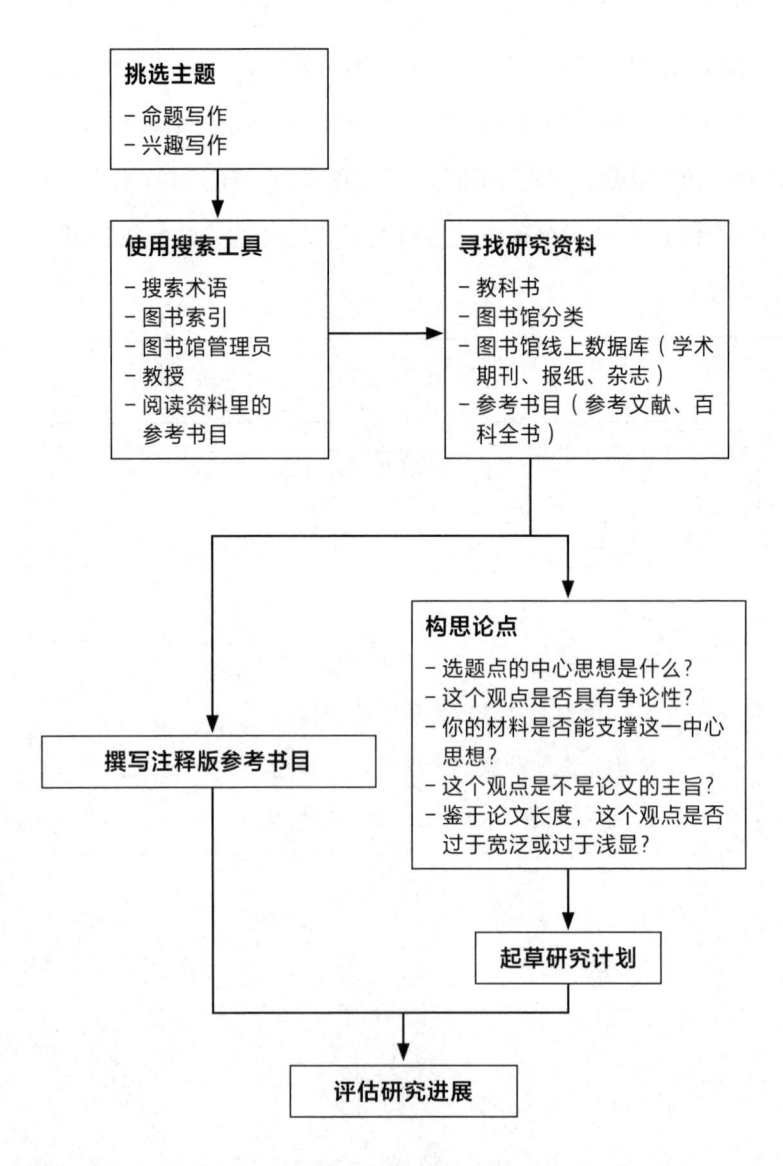

```
┌─────────────────┐
│ 挑选主题        │
│ - 命题写作      │
│ - 兴趣写作      │
└────────┬────────┘
         │
         ▼
┌─────────────────┐      ┌──────────────────────────┐
│ 使用搜索工具    │      │ 寻找研究资料             │
│ - 搜索术语      │      │ - 教科书                 │
│ - 图书索引      │─────▶│ - 图书馆分类             │
│ - 图书馆管理员  │      │ - 图书馆线上数据库（学术 │
│ - 教授          │      │   期刊、报纸、杂志）     │
│ - 阅读资料里的  │      │ - 参考书目（参考文献、百 │
│   参考书目      │      │   科全书）               │
└────────┬────────┘      └────────────┬─────────────┘
         │                            │
         │                            ▼
         │              ┌──────────────────────────┐
         │              │ 构思论点                 │
         │              │ - 选题点的中心思想是什么？│
         │              │ - 这个观点是否具有争论性？│
         │              │ - 你的材料是否能支撑这一中│
         │              │   心思想？                │
         │              │ - 这个观点是不是论文的主旨？│
         │              │ - 鉴于论文长度，这个观点是否│
         │              │   过于宽泛或过于浅显？    │
         │              └────────────┬─────────────┘
         ▼                           │
┌─────────────────────┐              ▼
│ 撰写注释版参考书目  │      ┌──────────────┐
└──────────┬──────────┘      │ 起草研究计划 │
           │                 └──────┬───────┘
           │                        │
           └───────────┬────────────┘
                       ▼
              ┌──────────────┐
              │ 评估研究进展 │
              └──────────────┘
```

第一章流程图　根据史料构思论点

第二章

解读史料

INTERPRETING SOURCE MATERIALS

当进行历史写作时，虽然你所搜集的材料都与一个特定主题相关，但你也要思考如何解读并组织它们。刚开始，你会觉得这些史料很难理解，甚至相互矛盾。确实，史学写作就像是破案一样，史料带来的往往是更多的疑问，而非答案。有时候，它们会把历史学家引向令人兴奋的狂野追踪，最终却铩羽而归。还有时候，史料又会让历史学家获得意想不到的故事，重建过往。幸运的是，我们有很多种办法对史料做出恰当评估。

2.1　区分一手文献和二手文献

虽说论从史出，但不是所有史料都生而平等。为了方便，历史学家们区分了一手文献和二手文献。

1. 一手文献。一手文献来自历史学家所研究的时代。这些史料的种类多样,可以是个人回忆录、政府档案、庭审速记文稿、口述史和传统、考古或生物证据、绘画及照片等视觉资料、某地土著语言的翻译资料等。所有这些类型的一手文献都对你的研究至关重要。

每种一手文献都要根据其自身特点加以考虑。历史学家们一般认定,有些文献资料本身就比其他文献更具说服力。现代史学之父利奥波德·冯·兰克(Leopold von Ranke)就认为政府档案的可信度居所有一手文献之首。然而,即便政府档案在有些时候也带有主观性。就像其他史料一样,它们会透露一些信息,却对另一些信息保持沉默。翻译的资料必须仔细阅读。即使译文准确无误,也不一定代表了原文的全部涵义。

2. 二手文献。二手文献反映的是比现在更早期一些的研究。通常情况下,这些作品是由学者撰写的书籍和论文,它们对你正在研究的事件和原始资料进行了解读。二手文献的种类繁多,专业学者的专著和新闻报道都算二手文献。评估每部二手作品自身的优点,尤其要看这些二手文献是如何用好一手文献来证明自己的观点的。

一手、二手文献有时候也没那么容易区分。当你对历史学家进行研究时,就是在把二手文献当作一手文献使用。比方说,19世纪四五十年代,托马斯·巴宾顿·麦考莱(Thomas Babington Macaulay)写了一本《英国史》(*The History of*

England），这本书描述了 1688 年英国光荣革命的始末。对于研究 17 世纪英格兰的历史学家来说，这本书是一份典型的二手文献。但是对于研究维多利亚时期的英国历史学家来说，《英国史》则是一部内容丰富的一手史料，它向历史学家们讲述了 19 世纪四五十年代的知识分子生活。[1]

2.2　用"何人""何事""为何""何地""何时"来提炼假设

当你在阅读文献时，不免要思考这则文献是如何支撑或反对你的假设的。很快，你就能得到和你的假设相关的各种信息，将这些信息用记者式提问，以"何人""何事""为何""何地""何时"来构思你的答案。

记者在指导新手外出采访时，会要求他们用上面的问题来报道事件。历史学家理查德·马里厄斯（Richard Marius）是记者出身，在他的《历史写作简明指南》（*A Short Guide to Writing About History*）一书里，他建议学生在阅读史料文献时，用记者式问题来提问。这是个非常好的点子，问题的答案或繁或简，主要根据具体史料和故事而定。[2]

比如说，你正在写一篇乔治·华盛顿（George Washington）的人物传记，你的史料主要来自 18 世纪的档案文献。通读这些资料，你形成了自己的假设：华盛顿是个懦弱的领导人，他

第二章 解读史料

做了很多糟糕的决策，有些决策还极具争议。在你读到华盛顿的各种决策时，尝试用记者式提问法来构思你的研究。一旦对记者式的提问有了答案，马上动笔把想法记录下来。

"何人"的问题：历史学家通过探究"何人"问题来了解重要历史人物的传记信息，了解谁在历史变故中首当其冲，了解谁导致了某事发生。在你研究华盛顿的人物传记时，你可以利用史料来加深对主要人物的印象。华盛顿的家庭成员有哪些？他们支持华盛顿的决策吗？当华盛顿统率大陆军时，谁在支持他？谁在反对他？

"何事"的问题：不同史料对同一事件的描述常常会有所不同。要对事件的各个版本的描述都有所了解，这样才能把它们拿来做对比。打个比方说，你的研究聚焦华盛顿横跨特拉华河（Delaware）的决策。华盛顿对于英国部队的兵力强弱知道多少？华盛顿的军队如何让河对岸的黑森佣兵出其不意？华盛顿的这一决策产生了怎样的战略和政治影响？

"为何"的问题：为什么有些事件有所变化，有些始终未变，你可以列出来可能引起变化的原因。试着把引起事件变化的最重要原因从背景原因中分离出来。为什么像华盛顿这样一位认真负责的弗吉尼亚种植园主会起义反抗英格兰国王？华盛顿支持独立，是不是因为脱离英国的贸易限制，他的农场才能得到更多收益，还是他真的信仰代议制政府？为什么华盛顿愿意指挥大陆军？他想为新祖国做贡献，还是他只是很享受坐拥权力。

"何地"的问题：有时候，与地点有关的答案确实是显而易见的。也有些时候，思考地理因素会帮你打开分析问题的新思路。你可以画一画研究主题的地图，也许会助力颇多。比方说，福吉谷（Valley Forge）在哪里？命令自己的军队在这样一个又冷又糟的地方度过严冬，华盛顿此举真的明智吗？考虑到18世纪美洲的运输能力和英军的驻扎地，他们还有其他地方可去吗？

"何时"的问题：历史学家们在时间线中分析事物的变化与连续性。所以，毫无疑问，了解历史事件的发生时间非常重要。对于时间问题的回答，要么非常简单，要么没有答案，这要视研究主题而定。我们要竭尽所能去判断事件的发生时间，运用这些时间信息，将一个个事件按发生时间排好。试着为已有的史料文献整理出一个时间表，这样能帮助你搞清楚事件发生的顺序。打个比方，华盛顿是何时决定要在约克镇（Yorktown）向英国康沃利斯将军（General Cornwallis）发起进攻？他有没有可能早点打赢这一仗？还是说，更多取决于法国海陆军的及时援助？

2.3 对史料中的观点保持敏感

当你带着自己的假设通读文献时，会发现许多材料都是从特定角度来呈现历史的。即便是照片，也仅仅展示的是摄影师

第二章 解读史料

的视角。众所周知,摄影师甚至会通过安排照片来"编辑"整个故事的叙述走向,而他们仅仅是拿出照相机,就会改变拍摄对象的行为方式。那么,历史学家该如何确定哪些史料文献是可信的呢?

史学工作者必须对如何获得史料来源保持敏感。为什么有些信息可供后人查阅?编年史作者记录了发生的事件,但是他们只会记录描述他们认为重要的事。比方说,在一本名叫《沉默的过去》(Silencing the Past)的书中,作者米歇尔-罗尔夫·特鲁约(Michel-Rolph Trouillot)提到,加勒比的奴隶主通常会将自家种植园的各种细节记档留存,但有时他们会忽略对出生人口的记录。一些种植园的新生儿死亡率极高,为了省去每个奴隶婴儿都要登记的麻烦,只有当婴儿成长到一定的岁数,才值得在出生记录上加一笔。所以,这些记录都缺少重要数据。历史学家们想要重构加勒比地区奴隶家庭的历史,却发现种植园的编年记录使得这项任务极其困难。编年史家按他们当时的标准,来决定某些事件可以留存,而其他事件该保持沉默。[3]

史料产生的过程并非仅仅和编年史作者的决定有关,各种各样的因素都能影响史书的留存和湮没。有时候,战争、火灾、洪水都能导致史书消失。但是大多数情况下,收藏者、档案员和图书馆管理员会决定,哪些史书会被精心留存,哪些会被弃之不理。

他们对过去有着自己的洞察。另外,当时的政治和经济环境也能通过各种途径影响他们做决定。比方说，20世纪60年代时，洛伦·格雷厄姆（Loren Graham）正着手收集一位于1929年被斯大林处死的苏联工程师彼得·帕尔钦斯基（Peter Palchinsky）的相关资料。格雷厄姆坚信，帕尔钦斯基为苏联早期的工程技术做出过卓越贡献，由于帕尔钦斯基批评过政府，所以苏联政府一直阻止研究者接触相关资料。格雷厄姆等了将近30年，直到苏联解体，他才得以读到与帕尔钦斯基有关的文献。天道好轮回，格雷厄姆发现这些资料恰好可以帮助他写书，能在一定程度上解释苏联失败的原因。他对史料的不断求索，成就了他的史学著作《被处决的工程师的幽灵》（*The Ghost of the Executed Engineer*）。[4] 即便在格雷厄姆的例子中，编年史作者的选择也影响了史学写作。

2.4　选取重中之重的史料

一篇论文不可能囊括一切。所以，不要为了趣味性而扯开话题，而要选取能够有力支撑观点的资料。史学工作者不是事实的搜集家，而是选择者和编排者。他们发挥人类记忆的功能，帮助人类记住一些，忘掉另一些。千万别做豪尔赫·路易斯·博尔赫斯（Jorge Luis Borges）的短篇小说《博闻强记的富内斯》（*Funes, the Memorious*）里的主角富内斯：

第二章 解读史料

他记得1882年4月30日黎明时分，南边天空云彩的形状，并在记忆中将其与他只见过一次的一本精装古董书羊皮面上的褶痕纹理相比较，与克夫拉乔①暴动前夜，一支船桨在里奥内格罗河面激起的水花轮廓相比较……他告诉我……**先生，我的记忆，就像一个垃圾场**。[5]

史学工作者需要练习筛选史料的能力，以免产生记忆垃圾。有些信息对于写论文来说至关重要，但大部分则是无用信息。即便你潜心解读一则史料很久，到头来发现对你论文的主旨毫无用处，也无须灰心。写作中，为了展示自己为之付出的艰苦努力，我们很容易陷入将无关史料展开阐述的陷阱。记住，论文读到最后，比起离题冗杂的废话，字字珠玑更能打动读者。

2.5 边做筛选，边做笔记

当你开始分析史料时，就需要学会做笔记了。史学工作者的笔记可以使用各种方法：他们有的会用到索引小卡片和笔记本，有的用文字处理软件甚至是数据库处理软件。选择使用哪

---

① 克夫拉乔（Quebracho）：位于乌拉圭。1886年，反对派力量发起武装暴动，试图推翻临时总统维达尔，后被镇压。——译者注

种方法来记笔记，这取决于你所进行的研究规模的大小，同时也根据个人偏好来决定。当你要研究的东西越来越多，你对选取哪种笔记方法也会更有自己的直觉。

不管是高科技还是没科技含量的做笔记方式，都会遇到同样的困境，即哪些是最值得记录下来的信息？通常情况下，你肯定不想把史料原文照抄一遍，你肯定希望只记下对你论文有用的信息。但是论文还没开始动笔，你如何判断哪些信息接下来将会有用呢？做出这个判断，是记笔记的最大难点。你想将有用的信息记成笔记，但是你会发现，现在看起来不重要的信息，也许后续会变得重要起来。

提前知道哪些会是有效信息，不是件容易的事。所以，你需要带着你的假设阅读文献。问问自己，这份文献和自己的假设有多大关联，文献中出现的信息，如果事关你的假设中的根本问题，要随手记下。用你的假设来帮助你筛选，哪些才是文献中最重要的信息。

即便使用了假设来做笔记，也会出现最捉弄人的一幕：随着你边做笔记边阅读，你的假设会发生变化。当然，本该如此。随着研究的深入，你会根据读到的史料逐步优化自己的观点，从而使你的假设越来越接近最终的命题或论点。尴尬的是，比起后期的新笔记，你早期的笔记会变得宽泛无用。如果你在研究结束时，发现自己做了很多无关紧要的笔记，也不用难过，这正是你不断优化假设和坚持筛选的自然结果。万一某个史料日后可能会派上用场，请保留一份工作参考书目——史料来源清单，并对每个资料来源做一些注释，即使是那些没有用的史料。如果你改变了假设，工作参考书目将有助于你进行回溯。

本章回顾

1. 带着**思考**阅读。
2. 向史料提问。
3. 留心史料的观点。
4. 遇到与你的假设相关的史料要做笔记。

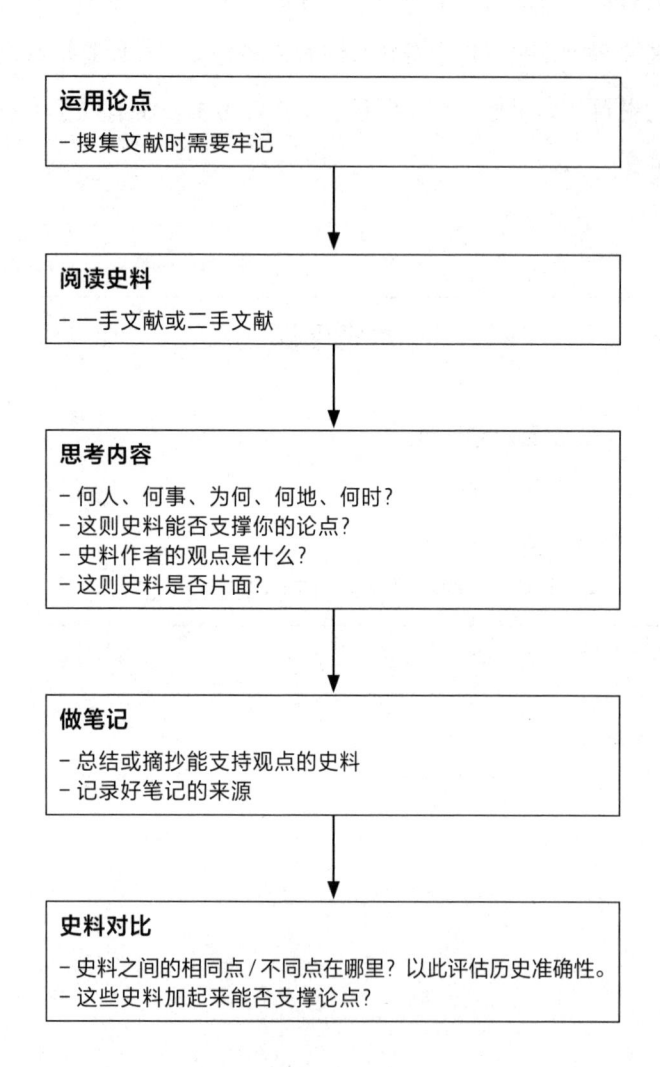

```
┌─────────────────────────────────┐
│ 运用论点                         │
│ - 搜集文献时需要牢记             │
└─────────────────────────────────┘
              ↓
┌─────────────────────────────────┐
│ 阅读史料                         │
│ - 一手文献或二手文献             │
└─────────────────────────────────┘
              ↓
┌─────────────────────────────────┐
│ 思考内容                         │
│ - 何人、何事、为何、何地、何时？ │
│ - 这则史料能否支撑你的论点？     │
│ - 史料作者的观点是什么？         │
│ - 这则史料是否片面？             │
└─────────────────────────────────┘
              ↓
┌─────────────────────────────────┐
│ 做笔记                           │
│ - 总结或摘抄能支持观点的史料     │
│ - 记录好笔记的来源               │
└─────────────────────────────────┘
              ↓
┌─────────────────────────────────────────────┐
│ 史料对比                                     │
│ - 史料之间的相同点/不同点在哪里？以此评估历史准确性。│
│ - 这些史料加起来能否支撑论点？               │
└─────────────────────────────────────────────┘
```

第二章流程图　做笔记

第三章

如实书写历史

WRITING HISTORY
FAITHFULLY

公元前1世纪，西塞罗（Cicero）就说过："史学者的第一律是，永不口出谎言。第二律便是，绝不埋没真相。"[1]现如今，虽然一些史学书写的惯例早已改变，比如目前的惯例是用中性语言进行历史写作，但西塞罗所言的法则精神却永远是史学的金科玉律。

优秀的历史学家总是不停地质疑权威，哪怕是像西塞罗这样的泰斗级人物。这就产生了一个问题：历史学家怎么知道哪些是真的？这个问题的答案也许永远是未知的，因为史料要么呈现的是矛盾之处，要么根本只字未提。即便如此，历史学家们还是能总结出一些如实书写历史的规则。这些规则就像法律一样，虽然被确立下来，但是随着时间的流逝，也会产生变异或其他诠释。即便历史学家们不曾像希波克拉底誓言那样宣誓拥护某种规则，但是关于什么是正确，什么是错误的历史书写，他们之间确实达成了共识。

3.1 认真收集和汇报史料

光有良好的初衷还不够,如实写史还有更多要求。想要忠于史料,历史学家就得在收集和汇报史料时格外认真仔细。历史学者的研究都建立在其他史学者的著作之上,因此,这种学术研究高度依赖同行信任。重中之重,便是准确报告过去的人物和事件。

粗心大意的笔记就可能导致曲解历史。即便你的歪曲史实只是无心之失,读者们也会认定你在弄虚作假。为了避免类似的误读,以下几个基本规则,在做笔记时要切记:

1. 每一处笔记都需要包含引用信息。每次做笔记,都要在其后注明参考著作的引用信息。每张便笺纸、每次电脑输入、每张草稿纸都得写清楚,你是从哪儿得到这些信息的,并且一定要写明引用页码。就算时间紧迫,也不要在做笔记的环节图省事。研制出自己的一套缩写方法,在后期写作中,可以帮你快速回溯某句引用来支撑自己的论点。

2. 清楚区分你的观点和史料的观点。记住,直接引用时一定要使用引号。如果你想对他人的语句进行释义,一定要确保用自己的话组织语言,确保和原文有明确不同。

3. 关注文字处理软件。 在那个还使用羽管笔和打字机的年代，历史学家的写作和改稿过程十分痛苦。就算是极小的改动也需要重写或者用打字机重新打出整个稿件。如今，文字处理软件可以帮助我们在查阅文献时，轻松创作和修订文稿。虽然很方便，但是使用文字处理软件，要注意协调好各种准备工作。把你的笔记和你真正在写的文稿放在不同的文件里，在网络上粘贴复制史料文献时，也要格外小心。如果你把自己的笔记和论文的初稿放在同一个文件，说不定就会把自己的文字和文献中其他人的文字搞混。虽然文字处理的技术更新了，但评估抄袭与否的标准始终如一。[2]

4. 考虑使用在线文献管理器。 文字处理软件的引入使写作和修订史学作品变得简单起来。当然，用它来做笔记也会提升速度，但是它无法改变笔记的组织形式。有时候，史学工作者会利用数据库和电子表格程序来追踪信息。越来越多的史学工作者开始使用在线项目管理软件来管理自己的研究、给文献做笔记。

这类软件产品有很多，其中有一款专门是由史学工作者参与设计的。美国乔治梅森大学的历史与新媒体中心制作的一款名为 Zotero 的文献管理软件，可以帮助史学工作者收集、组织并引用文献。它可以在传统的网络浏览器和文字处理软件中安装插件，并且供人免费使用，获取网址：https://www.zotero.org。

3.2 以谨慎和尊重的态度吸收他人的观点

在做研究和写论文时，不可避免地要引入其他学者的观点。大多数情况下，你都是在解读其他学者早就阐述过的研究主题。即便你是在某一领域进行历史写作的第一人，你也需要将自己的观点放在一个广阔的历史文献语境里来构思。

史学工作者们都很清楚，历史写作绝非易事，所以我们要学会尊重和认可他人的作品。如何引用、如何总结、如何转述其他学者的作品都有一定之规。在做笔记时，要将这些规范牢记在心，只有这样才能避免出现你刚开始写作，却要不停回头重读文献的情况。

3.3 分清总结和释义的区别

从技术层面来说，释义是用和原文差不多的字数来重述其他作家的言论，而总结他人作品则需要简明扼要，只用极少的字数。历史写作中，释义和总结他人观点都十分常见。当你需要讨论他人作品，并且认为能用差不多的字数将内容阐述得更清晰时，可以选择释义；当你可以用更少的字数，更清晰地概括作品，或者原文过长时，可以选择总结。总结或者释义是为了向读者表明，你已经消化了其他研究者的作品，能够用自己的语言将要点复述出来。

在历史学写作中，释义并不如总结那么常见，但它有特别的用处，比如当你要引用古代英语，或者语句复杂，而你要在论文中用标准英语表达的时候，就可以用释义。就像在《持械：美国盎格鲁人的原始权利》（*To Keep and Bear Arms: The Origins of an Anglo-American Right*）一书中，历史学家乔伊斯·马尔科姆（Joyce Malcolm）分析了威廉·布莱克斯通（William Blackstone）的《英国法释义》（*Commentaries on the Laws of England*）中的部分章节，后者是18世纪最为出名的法律评注著作。布莱克斯通的原文写道："在这片自由之国，对专业军队下达明确的规定是极其危险的。"马尔科姆将这句带有旧时风格的引用用自己的话表述了出来："关于常备军，布莱克斯通认为，对待他们应该极尽谨慎。"[3] 马尔科姆的释义更容易让读者理解布莱克斯通的旧式术语。

总结他人作品比释义来得容易，因为历史学家写作是为了表达自己的原创观点，即使他们在写作中也引用了他人的观点。在史学写作中，总结无处不在，特别是在综述类的作品里。在一本研究殖民时期美国社会史的专著《追寻幸福》（*Pursuits of Happiness*）中，杰克·格林（Jack Greene）总结了一位做了一些关于新英格兰地区的经典研究的早期历史学家佩里·米勒（Perry Miller）的成果：

正如佩里·米勒所强调的那样，虽然新英格兰地区的宗教文化在1670—1730年间还保持活力和适应力，但它在社区生活中已失去了先前的卓越地位。[4]

接着，格林用精练的短句总结了米勒的史料证据。米勒的作品兼具启发性和广泛性，然而格林的写作空间十分有限。但是格林还是给出了极好的总结。想要进一步了解米勒作品的读者，便会借助格林的引用来指导自己的深入阅读。

3.4 学习如何引用、何时引用

历史学家们展现自己对史料熟谙的最常见方法就是总结和释义。当然，他们偶尔也会使用直接引用这种简单快捷的方法来引出观点。当史料的语言足够生动，而且你通过总结或者释义无法恰如其分表达原意时，就可以使用直接引用的方法。特别是当你要分析的关键点正是史料中的原词原句时，更要直接引用史料。除此之外，尽量避免直接引用，因为读者们最想看到的还是你在作品中的原创观点。

一共有两种引用方式。大多数情况下，我们所引用的句子是融于前后句之中的。历史学家们通常会在句子开头告知读者即将引用的话语出自哪位作者，然后插入引用的句子。比方说，你在写一篇关于19世纪法国哲学家皮埃尔·约瑟夫·蒲鲁东（Pierre Joseph Proudhon）的文章，你会这么写：

> 当法国的中产阶级开始壮大时，蒲鲁东勇敢地宣称"所有权就是盗窃"。

要注意，在这句话的引用环境中，没必要用逗号或冒号将引文和文章内容分开。引用时，如果必须使用标点符号才能使得句子的语法和句法完整，那么可以使用，反之不必。

第二种引用叫作整段引用。当我们需要引用超过3行的段落文字时，可以另起一段，左边缩进5个空格进行引用。引文之前需要介绍一下这段引用，引文之后需要有承接下文的句子。比如，在E. P. 汤普森（E. P. Thompson）的先驱之作《英国工人阶级的形成》(*The Making of the English Working Class*) 中，汤普森用大段引用的方式给18世纪晚期和19世纪早期英国的劳工增加了别样的描绘。他引用了活动家弗朗西斯·普莱斯（Francis Place）的话来定义一些关键术语。汤普森这样写道：①

> 事物经历的多样性，引起了一些作者对"工业革命"和"工人阶级"（单数）等术语的怀疑。不过，我们的讨论没有必要停留在前一个提法上。这个提法

---

① 译文引自《英国工人阶级的形成（上）》，译林出版社，2013年版，钱乘旦等译。译者有改动。——译者注

从其一般含义上来说有足够的使用价值。至于后一个提法，有许多作者倾向于使用复数来指称"工人阶级"，强调复数的"工人阶级"含有社会地位、文化程度、技术水平和生活状况等各方面的重大差异。这样做实际上是响应了弗朗西斯·普莱斯的抱怨：

> 如果工人的特征和行为是从评论文章、杂志、宣传小册子、报纸以及议会两院和工厂委员会的报告中认识的，我们将会发现他们都被杂乱无章地凑在一起叫作下等人，技术最熟练、最谨慎的工人与最无知而最鲁莽的工人和穷人混同在一起了，尽管他们之间的差异很大，而且在很多情况下根本无法比较。

普莱斯显然是正确的。在比他们"地位更高的人"看来，森德兰的裁缝、爱尔兰的挖土工、犹太人水果贩子、东盎格利亚村庄作坊里的工友和《泰晤士报》(*The Times*)的排字工人，都属于"下等阶级"复数，而他们自己却可能相互听不懂各自说的话的意思。[5]

汤普森将自己的观点和普莱斯的观点用大段引用的方式连接起来，将引用的原文插在自己的前后段落之间。汤普森把这段引用作为支撑观点的生动案例。大多数历史学家都会用到整段引用这种方式,但他们会把整段引用单独使用。过多使用整段引用会湮没作者自己的观点,相反,总结和释义则可以极好地展示作者的分析能力。

3.5　客观对待史料,巧用省略号和括号

史学工作者在准备引用时,往往会缩短引用原文,以便更精准地反映和自身写作有关的部分。这时他们会使用省略号,也会使用括号。使用省略号和括号的最基础法则是:所有被省略的引文都必须忠实于原始的全文引用。

这一点听着容易,做起来难。省略号和括号很容易就能使引用的意思异于原文。打个比方,你在写一篇 5 页长的关于托马斯·杰斐逊(Thomas Jefferson)的《独立宣言》(Declaration of Independence)的论文。针对杰斐逊对英王乔治三世如何对待美洲殖民地的立法机关的控诉,你准备进行分析,杰斐逊列举了以下罪状:

- 他拒绝批准对公众利益最为有益和必要的法律。
- 他禁止他的总督们批准迫切而极为必要的法律,要不就把这些法律搁置起来暂不生效,等待他的同意;而一旦这些法律被搁置起来,他对它们就

完全置之不理。

- 除非人民放弃在立法机构的代表权，这一于民无价、为暴君所惧怕的权利，否则他就拒绝通过能便利广大地区人民的其他法律。
- 他把各地立法机构召集到既不方便、也不舒适，而且远离公案存放处的地方，唯一的目的是使他们疲于奔命，不得不顺从他的意旨。
- 他一次次解散各殖民地的议会，只因它们坚决反对他侵害人民的权利。
- 在解散各州议会之后，他又长期拒绝另选新议会；但立法权是无法取消的，因此这项权力仍由一般人民来行使。其时各州仍然处于危险的境地，既有外来侵略之患，又有发生内乱之忧。

杰斐逊的语言无与伦比且生动形象。所以你想用它来支撑自己的观点。但是如果尽可能引用杰斐逊的原文，又会受短篇论文的页数限制，完整引用会占据过多篇幅。因此，你可以使用省略号来提取杰斐逊的观点，压缩引用的长度：

> 针对国王乔治三世对待殖民地立法机关的行为，杰斐逊历数了五条罪状："他拒绝批准法律……他禁止他的总督们批准迫切而极为必要的法律……他拒绝

通过能便利广大地区人民的其他法律……他把各地立法机构召集到不方便的地方……他一次次解散各殖民地的议会，他长期拒绝……另选新议会"

但是请注意，你的句子与引文的衔接并不流畅。这里使用的动词时态和杰斐逊的表述有很大不同。① 你可以通过删除杰斐逊使用的现在完成时的助动词"has"（已经）来统一时态，这样的话在"to forbid"（去禁止）这个短语上，就要注意它所用时态的正确格式。另外，在指代"King George"（乔治国王）时，后续引用一直重复使用代词"he"（他）也显得很不自然。为了使之通顺，还需要使用括号，在括号中添加词语，使我们的句子和杰斐逊的句子无缝衔接。读者会明白，括号中的词虽然并非出自杰斐逊，但是也在传达杰斐逊的初衷。所以，你可以这么写：

针对国王乔治三世对待殖民地立法机关的行为，杰斐逊历数了五条罪状，即他"拒绝批准法律……[禁止（过去式）]他的总督们批准迫切而极为必要

---

① 在英语中，过去时和现在完成时均可用于表达过去发生的动作。杰斐逊原文使用的是现在完成时，而后人分析时应用过去时，所以，作者认为引用原文无法很好融入文章之中。而在汉语中，时态并不通过动词词形变化体现，因此此处的汉语翻译并不能体现出作者所谓"你的句子与引文的衔接并不流畅"。——译者注

的法律……拒绝通过能便利广大地区人民的其他法律……把各地立法机构召集到不方便的地方……一次次解散各殖民地的议会……[并且]长期拒绝……另选新议会……"

上面的引用虽然通过使用省略号和括号缩短了引用长度，却真实地反映了杰斐逊的意思。如果像下面这样使用省略号，则不能视为忠实于原文："他拒绝通过能便利广大地区人民的其他法律，唯一的目的是使他们疲于奔命，不得不顺从他的意旨。"这样的引用是对杰斐逊的误用，因为省略号前的这部分的最初文本说的是完全另外一个意思，也就是："除非人民放弃在立法机构的代表权，这一于民无价、为暴君所惧怕的权利。"

下面这种使用括号的方式也是对杰斐逊的错误引用："他禁止他的总督们通过[重要]法律……"这会改变引文的原始意图，原意是"他禁止他的总督们批准迫切而极为必要的法律……"

如果你想做到简洁明了，可以用自己的话总结杰斐逊的语句，这比在他的原文中插入各种不同的词汇要好得多。

3.6　学习如何使用引号

除了省略号，引号在标点符号中也容易发生误用。部分原因是引号在美国的惯用法与英国不同，我们大多数人读到的史学作品都是来自英语世界。当我们自己写作时，确实会有些迷惑。

1. 引号的美式用法。当我们要把引文融入自己的文章时，把引文放在双引号里即可，比如：

Eisenhower warned against the "military-industrial complex."（艾森豪威尔对"军工复合体"提出警告。）

在已有引文中再次出现的引用，则使用单引号：

In his history of the Space Age, *The Heavens and the Earth*, Walter MacDougall writes that Eisenhower feared "the assumption of inordinate power and influence by a 'military-industrial complex' and a 'scientific-technological elite.'"[6]

[沃尔特·麦克杜格尔（Walter MacDougall）在以太空时代为主题的史学作品《天与地》(*The Heaven and the Earth*)中写道，艾森豪威尔惧怕"'军工复合体'和'科技精英'会拥有过度的权力和影响"。]

我们需要注意其他标点符号和引号的配合使用方法。句号和逗号都应该放在引号里使用。如果你使用了问号和感叹号，当它们是引用原文的一部分时，要放在引号里使用。如果是根据你本人写作需要使用的问号和感叹号，就应该在引号外添加。冒号和分号也应在引号外使用。

2. 引号的英式用法。引号在英国的用法和美国恰恰相反。当文中出现引用时，引文会放在单引号里：

Eisenhower warned against the 'military-industrial complex'. (艾森豪威尔对"军工复合体"提出警告。)

在已有引文中再次出现的引用，英式用法会使用双引号：

In his history of the Space Age, Walter MacDougall writes that Eisenhower feared 'the assumption of inordinate power and infuence by a "military-industrial complex" and a "scientific-technological elite"'.[7]

[沃尔特·麦克杜格尔（Walter MacDougall）在以太空时代为主题的史学作品《天与地》（*The Heaven and the Earth*）中写道，艾森豪威尔惧怕"'军工复合体'和'科技精英'会拥有过度的权力和影响"。]

还要注意，英式用法中，所有其他的标点符号都会放置在引号外。

3.7 不要抄袭

历史学家时常要为引用不够忠于原文而烦恼,但是他们面临的最严峻的问题还是来自抄袭者。在古代地中海地区,"剽窃"(plagiarri)一词指海盗们犯下的各种罪行中绑架小孩的行为。[8]当剽窃者将别人的观点据为己有时,也就是偷窃了他人的心血。虽然民间有"盗亦有道"的说法,但盗贼是毫无荣誉可言的。历史学家对剽窃零容忍,大学里也会严惩抄袭行为。

大家共同抵制剽窃的意识极强,因此抄袭现象发生得并不多。如实地分享观点,忠诚地写作历史会让真正的史学工作者身心愉悦,所以大家并不情愿去剽窃他人。史学工作者和其他所有学科的作者一样,在诚实写作上早已达成共识。

1. **直接抄袭**。直接抄袭是指,一个作者直接将其他作者的内容原封不动搬过来,作为自己的成果。对于有知识背景的读者来说,直接抄袭极容易被发现。

2. **间接抄袭**。间接抄袭更不容易被发现,也更为阴险。它是指作者用十分近似的语言转述他人的作品。句子或者段落的基本结构保持不变,抄袭者仅仅将个别词汇和短语做了轻微改动。在托马斯·霍尔特(Thomas Holt)以牙买加被解放的奴隶为主题所著的《自由的问题》(*The Problem of Freedom*)一

第三章 如实书写历史

书中，我们以下面这段原文为例，作者写道：

> 这个荣耀宫廷的主持人便是伊丽莎白·瓦萨尔·福克斯，1800年她从祖父弗洛伦蒂乌斯·瓦萨尔那儿继承了种植园。然而，这位被称为荷兰夫人的女性和她的丈夫一样，作为坚定的辉格党人，都保持自由主义的立场。[9]

下面这段话是过于接近的转述，属于间接抄袭：

> 伊丽莎白·瓦萨尔·福克斯主持着这个辉煌的宫廷。1800年，她从祖父那里继承了几处种植园，跟丈夫一样，她也是辉格党人和自由主义者。

这段文字，如果按照下面的方式呈现出来，即便是注明了出处为霍尔特，也算得上是间接抄袭。因为它和作者原文过于相似，基本雷同：

> 这个沙龙由伊丽莎白·瓦萨尔·福克斯主持，人们也称她为荷兰夫人。她是一位著名的辉格党人和自由主义者，她的家族正是靠种植园的奴隶制发家致富的。

3. 非故意抄袭。如果你偶然忘记了将引文前后加上引号，或者忘了在总结他人作品时提供出处，该怎么办呢？我们要站在读者角度思考一下。当读者读到我们的作品时，呈现在他们面前的只有这些文字，他们看不到你在半夜2点东拼西凑论文的抓狂和窘迫。就算你告诉他们，你赶时间才不小心犯了错误，他们也不以为意。当你的读者发现你作品的某部分有失水准，他们只会凭直觉对你产生最差劲的印象。

最近，两位颇具人气的历史学家斯蒂芬·安布罗斯（Stephen Ambrose）和多丽丝·卡恩斯·古德温（Doris Kearns Goodwin）就不得不面临抄袭指控，并为自己辩护：他们都承认在研究中存在马虎懈怠，这也是应对抄袭指控的常见处理，需要用这种方式来为自己开脱也实属尴尬。在安布罗斯和古德温的案例中，"马虎懈怠"这一理由划清了抄袭和不够自律之间的界限。史学工作者要尽量避免这种容易与抄袭扯上关系的情况。不要拖到最后一分钟才开始做研究、写论文。务必确保有充足的时间来正确记录史料来源。

在史学领域，等到需要自证清白之时，说明你已经不再清白了。更糟糕的是，读者很容易拿出你有问题的证据，而你却很难证明自己无罪。也许这确实不太公平，但这便是读者的逻辑。

4. 学术造假。抄袭意味着你将别人的作品据为己有。更不用说，你提交了一篇由别人代写的论文，这也不可行。这种情况包括，你从某个不正当的网络公司花钱买论文，或从某个互助会网页上找了篇论文当作自己的论文提交。如果你有这些别人代替你来完成研究工作的行为，你便是抄袭者。

还有其他一些近似于抄袭的学术造假行为。将同一篇论文提交给两门课程作为结课论文，这意味着你只完成了其中一门课的功课，并照搬到了另一门课。一般来说，将同一篇论文提交给两门课程，需要经过两门课程老师的允准。另外，如果你和另外一位同学合写了论文，你想提交，也需要课程老师的同意，不能直接将其他同学的写作直接当成自己的劳动成果。通常情况下，你可以和其他同学讨论如何构思，但到了下笔写论文时，需要你独立完成。

3.8 如实引用，且不做无效引用

相信在读了前面关于抄袭和造假的章节后，你已经害怕到每写一个句子都恨不得提供一个引用出处的地步，但也不必走向过度引用的极端。在你直接引用、释义或总结他人的观点、仿照他人写作构思时，应该提供明确的出处。在使用正常人都能理解的常识信息时，不必处处注明来源。比方说，1944年6月6日盟军的诺曼底登陆，或者铁路在英国工业化进程中扮演的重要角色这种事，每个史学研究者都不陌生。当然，如果你不太确定哪些属于常识，保险起见，还是给出其信息来源。[10]

3.9 选择适合目标读者的引用格式

对所用史料负责，这是所有学者的共识。不管是哪种引用格式，都该遵循两条规则：首先，引用格式在全文中保持一致；其次，选择有利于读者查阅所涉史料的引用方式。对于具体用哪种格式来进行原始史料的引用，学者们莫衷一是。这里面的原因颇多，有些出版商和编辑会要求用特殊方法引用史料，有些大学的导师也会有其他特殊要求。所以，找到适合目标读者的引用格式，对史学工作者来说举足轻重。

学生们有时会觉得引用格式很混乱，因为相比其他学科，史学专业的老师对引用有不一样的规则。比方说，许多社会科学研究者常用的格式是，在引文、总结或释义后的圆括号里列出作者姓名、出版日期、具体页数。有时候，史学工作者也认可这套系统很适合写作论文和书籍。尽管如此，大多数的史学工作者还是会使用有序列的脚注和尾注。

引用的方式有很多种，被史学工作者广泛使用的是：凯特·L. 杜拉宾（Kate L. Turabian）编写的第八版《芝加哥大学论文写作指南》(*A Manual for Writers of Term Papers, Theses, and Dissertations*)。"Turabian"（杜拉宾）也成了《芝加哥手册》(*The Chicago Manual of Style*) 的简写版本，也是史学界公认的书写论文稿件的权威用法。史学工作者和编辑们在自己的专业出版物中都会遵循杜拉宾文体和《芝加哥手册》。

大多数史学专业导师会偏向于推荐学生使用脚注或尾注，这在文字编辑软件中也很容易实现。接下来的规则也适用于这些软件。对于特殊或非常规情况，可以查看杜拉宾文体和《芝加哥手册》，这两者都能在学术型图书馆里找到，《芝加哥手册》也有网上资源。如果你使用 Zotero 这一文献管理软件来整理学术资料和做笔记，那么它也能按格式自动生成你需要的注解。

1. 在文字处理软件中生成脚注和尾注。一般来说，用文字处理程序可以自动生成注释的几部分。脚注应为单倍行距，字体大小同正文一样。脚注的第一行可选择左起缩进或者悬挂缩进。脚注数字应使用阿拉伯数字，数字后需插入半角句号并空一格。

2. 引用一本书。对于书籍的脚注和尾注应该写成下面的样式：

4. Robert K. Massie, *Dreadnought: Britain, Germany, and the Coming of the Great War* (New York: Random House, 1991), 183-85.

注释要素[①]	注释内容	备注
编号	4	

---

① 这一部分的所有表格均为译者注。

续　表

注释要素	注释内容	备注
作者名字	Robert K.	区别于参考文献格式，此时作者名字放前面，姓氏放后面
作者姓氏	Massie	
著作标题	*Dreadnought: Britain Germany, and the Coming of the Great War*	英文标题为斜体格式
出版地	New York	城市名
出版社	Random House	区别于参考文献格式，出版信息放圆括号内
出版年份	1991	
具体页数	183-85	注意"-"后省略了"1"，实际为第183-185页

公式：编号. 作者名字 姓氏, *著作标题*(出版地: 出版社, 出版年份), 具体页数.

需要注意的是，脚注或尾注与参考文献目录的不同之处：在脚注和尾注中，作者的名字放在第一位，出版商的信息放在圆括号内，页码前有逗号出现。一般来说不需要在页码数字前用"p."或者"pp."来标明页码信息，除非注释中的其他信息会引起读者混乱。一些电子书目甚至没有页码，这种情况下，如果想注明某个章节或部分，用你觉得最清楚的方式告知读者即可。

3. 引用各式各样的专著。并非所有专著的出版信息都是这么简单，可能存在的排列组合数不胜数。接下来罗列的都是历史学家常常需要引用的书籍种类:多作者合著、多卷本、编辑版、修订版。下面四则注释样文(包括此后出现的样文案例)都使用了虚拟的数字编号,是为了让大家更直观、真实地感受写作中的注释列表。

11. Steven Shapin and Simon Schaffer, *Leviathan and the Air-Pump: Hobbes, Boyle, and the Experimental Life* (Princeton, NJ: Princeton University Press, 1985), 244.

注释要素	注释内容	备注
编号	11	
第一位作者名字、姓氏	Steven Shapin	两名作者时,两位作者名字之间用"and"(和)连接
第二位作者名字、姓氏	Simon Schaffer	
著作标题	*Leviathan and the Air-Pump: Hobbes, Boyle, and the Experimental Life*	英文标题为斜体格式
出版地	Princeton, NJ	城市名,州名
出版社	Princeton University Press	区别于参考文献格式,出版信息放圆括号内
出版年份	1985	
具体页数	244	

公式:编号. 作者名字 姓氏 and 作者名字 姓氏, *著作标题*(出版地:出版社, 出版年份), 具体页数.

12. Noël Deerr, *The History of Sugar*, 2 vols. (London: Chapman and Hall, 1949-50), 2:184.

注释要素	注释内容	备注
编号	12	
作者名字	Noël	
作者姓氏	Deerr	
著作标题	*The History of Sugar*	英文标题为斜体格式
卷号	2 vols.	两卷本专著
出版地	London	城市名
出版社	Chapman and Hall	区别于参考文献格式，出版信息放圆括号内
出版年份	1949-50	
具体页数	2:184	第二卷，第184页
公式：编号. 作者名字 姓氏, *著作标题*, 卷数(出版地: 出版社, 出版年份), 具体页数.			

13. *Maroon Societies: Rebel Slave Communities in the Americas*, ed. Richard Price (New York: Anchor Press, 1973) 112-15.

注释要素	注释内容	备注
编号	13	

续　表

注释要素	注释内容	备注
著作标题	*Maroon Societies: Rebel Slave Communities in the Americas*	英文标题为斜体格式
编者	Richard Price	"ed."后加编者的名字和姓氏
出版地	New York	城市名
出版社	Anchor Press	区别于参考文献格式，出版信息放圆括号内
出版年份	1973	
具体页数	112-15	112-115

公式：编号. *著作标题*, ed. 编者(出版地: 出版社, 出版年份), 具体页数.

14. Roland Oliver and Anthony Atmore, *Africa since 1800* (Cambridge, UK: Cambridge University Press, 1967; 4th ed., 1994), 67.

注释要素	注释内容	备注
编号	14	
第一位作者名字、姓氏	Roland Oliver	
第二位作者名字、姓氏	Anthony Atmore	
著作标题	*Africa since 1800*	英文标题为斜体格式

续　表

注释要素	注释内容	备注
出版地	Cambridge, UK	城市名
出版社	Cambridge University Press	区别于参考文献格式，出版信息放圆括号内
出版年份	1967	1967年首次出版
再版信息	4th ed., 1994	第四版出版于1994年
具体页数	67	

公式：编号. 作者名字 姓氏 and 作者名字 姓氏, *著作标题*(出版地: 出版社, 出版年份; 再版信息), 具体页数.

4. 引用学术文章。史学工作者通常会将自己的学术论文刊登在学术期刊上，或者编入某些选集。这种作品集的引用方式如下：

37. Bernard S. Cohn, "Representing Authority in Victorian India," in *The Invention of Tradition*, ed. Eric Hobsbawm and Terence Ranger (Cambridge, UK: Cambridge University Press, 1983), 169.

注释要素	注释内容	备注
编号	37	
作者名字	Bernard	
作者姓氏	Cohn	

续　表

注释要素	注释内容	备注
文章标题	Representing Authority in Victorian India	文章标题不使用斜体，置于双引号内。与著作标题用介词"in"（来自）连接。
著作标题	*The Invention of Tradition*	著作英文标题为斜体格式
编者	Eric Hobsbawm, Terence Ranger	两人合作编辑
出版地	Cambridge, UK	城市名
出版社	Cambridge University Press	区别于参考文献格式，出版信息放圆括号内
出版年份	1983	
具体页数	169	

公式：编号. 作者名字 姓氏, "文章标题," in *著作标题*, 编者名(出版地: 出版社, 出版年份), 具体页数.

期刊文章的引用注释略有不同。先是给出作者和文章标题，然后是期刊名称，卷和期号、在圆括号内写上出版日期，插入冒号，然后写上具体页数。下面是两个例子，第一个简单点，第二个稍显复杂。

38. Jessica A. Coope, "Religious and Cultural Conversion to Islam in Ninth-Century Umayyad Córdoba," *Journal of World History* 4, no.1(Spring 1993): 63.

注释要素	注释内容	备注
编号	38	
作者名字	Jessica	
作者姓氏	Coope	
文章标题	Religious and Cultural Conversion to Islam in Ninth-Century Umayyad Córdoba	文章标题不使用斜体格式
期刊标题	*Journal of World History*	期刊英文标题为斜体格式
卷册	4, no. 1	第四卷第一期
出版时间	Spring 1993	出版时间放圆括号内
具体页数	63	

公式：编号. 作者名字 姓氏, "文章标题," *期刊标题*, 卷数和期号 (出版时间): 具体页数.

39. Amy Wiese Forbes, "'Let's Add the Stomach': Satire, Absurdity, and July Monarchy Politics in Proudhon's *What Is Property?*" *French Historical Studies* 4, no.24 (Fall 2001): 681.

注释要素	注释内容	备注
编号	39	
作者名字	Amy Wiese	
作者姓氏	Forbes	

第三章　如实书写历史

续　表

注释要素	注释内容	备注
文章标题	'Let's Add the Stomach': Satire, Absurdity, and July Monarchy Politics in Proudhon's *What Is Property?*	文章标题置于双引号内，文章标题内的双引号此时改为单引号。文章标题以问号结尾，省略了格式里本该的逗号。
期刊标题	*French Historical Studies*	期刊英文标题为斜体格式
卷册	4, no. 24	第四卷第二十四期
出版时间	Fall 2001	出版时间放圆括号内
具体页数	681	
公式：*编号. 作者名字 姓氏，"文章标题" 期刊标题 卷数和期号（出版时间）：具体页数.*		

通常情况下，文章的标题应该放在双引号里，后面跟着下画线格式或斜体字格式写成的期刊名称，然后是出版信息。观察上面第二个样文，我们会发现有特殊的标点用法。在文章标题这部分，双引号里套着单引号，单引号里有一个引用。在文章标题的第二部分，还存在一个书名，所以它被写成了斜体格式。同样在这个例子中，由于文章标题的最后以问号结尾，所以省略了本该位于文章标题和期刊标题之间的逗号。

5. 引用媒体上的文章。比起学术论文，报纸和杂志上的文章提供的出版信息并不算多，但是史学工作者依然要尽可能多地提供相关信息，按照作者、文章标题、杂志或报纸标题、日期、页数依次写下去。比如：

40. Diana Trilling, "A Visit to Camelot," *The New Yorker*, June 2, 1997, 56.

注释要素	注释内容	备注
编号	40	
作者名字	Diana	
作者姓氏	Trilling	
文章标题	A Visit to Camelot	
期刊标题	*The New Yorker*	报纸或杂志英文标题为斜体格式
出版日期	June 2	
出版年份	1997	
具体页数	56	
公式：编号. 作者名字 姓氏，"文章标题，"*报纸或杂志标题*，日期，具体页数。			

6. 引用互联网资源。虽然引用网上资源的标准格式，至今还没有完全定型，但也得遵循其他引用格式的基本原则：要给予读者尽可能多的信息，引导他们找到原始资源。网上引用应给出完整的统一资源定位符（Uniform Resource Locator，URL），也就是具体网址，而非网站首页。

第三章　如实书写历史

即便引用网络资源的原则和其他资源并无不同，也不得不说，网络资源和纸质资源还是不尽相同。纸质资源通常是永久性的，在专业图书馆里总归能找得到，而网址则会时常变更，甚至消失不见。

如果读者对你使用的资料来源提出质疑，你最好保存一份使用该资料来源当天的网站副本。查阅网站时，请务必在引文末尾注明检索日期。网站可能会更改甚至消失。

撰写互联网资源引用的注释时，要注意有几个细微的不同。首先，要以传统方式给出引文的来源信息，包括作者、标题、日期和出版信息。记住，随后要给出 URL。最好是完整的 URL 网址，但最好想想办法别让网址的长度超过两行。

我们以著名的史学网站阴影山谷（Valley of the Shadow）为例。"阴影山谷：美国内战中的两个区域"（*Valley of the Shadow: Two Communities in the American Civil War*）是由爱德华·艾尔斯（Edward Ayers）、安妮·鲁宾（Anne Rubin）、威廉·托马斯（William Thomas）和安德鲁·托吉特（Andrew Torget）联合编辑的史学网站。该网站中再现了大量一手史料的复制品，包括照片、信件和涉及美国内战的报纸文章。如果想引用该网站上的一篇报纸文章，可以参考下面这个注释样文：

42. "Lincoln's Fiendish Proclamation," *Staunton Spectator*, 7 Oct. 1862 , p. 2, col. 1. In "The War Years: Newspapers."

Valley of the Shadow: Two Communities in the American Civil War, Virginia Center for Digital History, University of Virginia, http://valleylibvirginiaedu/news/ss1862/va.auss.1862.10.07xml. Accessed Feb.18, 2011.

注释要素	注释内容	备注
编号	42	
文章标题	Lincoln's Fiendish Proclamation	
刊物标题	*Staunton Spectator*	报纸英文标题为斜体
出版时间	7 Oct. 1862	
卷/刊/期号	p.2, col.1	第2页，第1栏
所在板块	The War Years: Newspapers	文章处于网站的"战争年代：报纸"板块
网站名称	*Valley of the Shadow: Two Communities in the American Civil War*	阴影山谷：美国内战中的两大区域。网站英文名称为斜体格式
网站管理机构	Virginia Center for Digital History, University of Virginia	弗吉尼亚大学数字史学中心
具体网址	http://valleylibvirginiaedu/news/ss1862/va.auss.1862.10.07xml	
查看网址时间	Accessed Feb.18, 2011.	
公式：编号. "文章标题," *报纸标题*, 出版日期, 文章位于报纸的位置. In "文章位于网站的位置.", *网站名称*, 网站管理机构, 具体网址. 查看网址时间.			

7. 引用电影、电视节目和视听资源。 引用这类资源的最基本规则是将标题以斜体字标明。然后再按照常规操作，给出导演姓名、拍摄日期。如果是使用 DVD 或蓝光光盘，出版信息和时间也需要注明。

> 31. *Lawrence of Arabia*, directed by David Lean (1962; Sony Pictures DVD 2001).

注释要素	注释内容	备注
编号	31	
视听资源名称	*Lawrence of Arabia*	资源英文名称为斜体格式
导演	David Lean	
拍摄年份	1962	
出版商	Sony Pictures DVD	
出版年份	2001	
公式：编号. *视听资源名称*, 导演(拍摄年代, 出版商名称, 出版年份).		

越来越多的历史学家在 YouTube 上制作音像资料。其中包括大学课程的讲座录音以及独立制作的作品。它们都需要注明出处，包括演讲者的姓名、演讲的标题和日期以及 URL。如果引用的是视频的特定部分，则必须注明视频中的时间。

19. Richard Bulliet, "Introduction to World History (Session 1)," from History of the World to 1500 CE, Columbia University. YouTube video, 18:28. September 7, 2010. https://www.youtube.com/watch?v=r_w7pfulsn8. Accessed June 19, 2019.

注释要素	注释内容	备注
编号	19	
演讲者	Richard Bulliet	
课程章节题目	Introduction to World History (Session 1)	
课程名	History of the World to 1500 CE	
开课学校	Columbia University	
网站名称	YouTube	
时间节点	18:28	视频中的时间线
开课时间	September 7, 2010	
URL	https://www.youtube.com/watch?v=r_w7pfulsn8	
查看网址时间	June 19, 2019	
公式：编号. 演讲者, "课程章节题目," from 课程名, 开课学校. 网站名称, 时间节点. 开课时间. URL. 查看网址时间.		

8. 引用采访、讲座和口述报告。这类资源的引用需要给出该资源的名称、你获取到该资源的地点和日期。出于礼貌，除非你的采访者自愿，否则私人对话不应拿来引用。

76. Ernest Hemingway, interview with the author, Key West, Florida, September 6, 1932.

注释要素	注释内容	备注
编号	76	
受访者	Ernest Hemingway	
采访信息	interview with the author	表明来自作者进行的采访
采访地点	Key West, Florida	
采访日期	September 6, 1932	
公式：编号．档案内容，档案日期，档案号．		

9. 引用档案资源。每个档案馆组织档案的方式都不相同，但是引用原则不变：让读者能找到你引用的那份档案。仅引用档案馆或文件集的名称是不够的。引用档案资源时应包括可以找到具体文件的盒子或文件夹的名称与编号。档案文件的互联网副本通常会显示这些详细的参考资料。像英国国家档案馆（The National Archives, NA）等一些档案馆，甚至给出使用其馆藏档案时，应遵循的标准引用格式。下面以英国国家档案馆中藏于英国殖民地部（Colonial Office）的一份编号为 167 的档案为例：

61. Lees to Knutsford, with minutes by Wingfield, Jan. 9, 1891, NA CO 167/661.

注释要素	注释内容	备注
编号	61	
档案内容	Lees to Knutsford, with minutes by Wingfield	
档案日期	Jan. 9, 1891	具体日期
档案号	NA CO 167/661	档案编号
公式：编号. 受访者, 采访信息, 采访地点, 采访日期.		

如果你的研究涉及档案，一定要事先问清引用该馆档案是否有明确格式。如果确实没有，尽可能使用读者们能准确理解的缩写形式。

10. 引用暂未出版的二手文献。有时，你会遇到想引用的二手文献还没出版的情况。在我们的研究过程中，偶尔也会发掘到十分有用却还未出版的学位论文，可以征得作者同意后再阅读或引用。（记得询问图书馆管理员，查看是否需要授权。）在引用这些学位论文时，可以参考下面的样文格式：

> 8. Kristen Anne Tegtmeier, "Bleeding Borders: The Intersection of Gender, Race, and Region in Territorial Kansas"(Ph.D. diss, University of Texas at Austin, 2000), 144.

注释要素	注释内容	备注
编号	8	
作者名字	Kristen	
作者姓氏	Tegtmeier	
论文标题	Bleeding Borders: The Intersection of Gender, Race, and Region in Territorial Kansas	论文标题加双引号
博士论文完成信息	Ph.D. diss, University of Texas at Austin, 2000	论文来源，例如某大学毕业论文
具体页数	144	
公式：编号. 作者名字 姓氏，"论文标题"(博士论文完成信息, 完成年份), 具体页数.		

史学工作者之间也会传阅未出版的论文或手稿。从专业角度来讲，只有得到文章作者允许，才可以使用并引用这些资源。

33. William K. Storey, "Science and the Making of a British Ideology of Development in Post-Emancipation Barbados" (unpublished manuscript in the author's possession), 14.[①]

[①] "unpublished manuscript in the author's possession" 用于表明所引用的材料尚未出版，版权属于作者本人。——译者注

11. 如何在不使用拉丁语简写的情况下再次引用。在过去，如果历史学家需要第二次引用某本作品，他们会写上"ibid."（ibidem 的缩写，意为"出处同上"）。如果再次引用紧跟在第一次引文之后，他们会用"op.cit."（"opere citato"的缩写，意为"在前面所引用的作品中"）；而如果引用在其他作品的引文之后，则用"loc. cit."（loco citato 的缩写，意为"在之前引用的地方"）。

这种用法一去不复返，《芝加哥手册》中认为"op.cit."和"loc. cit."已经过时且模糊不清。"ibid."的用法还有人在使用，但是当你修订论文，要剪贴或者粘贴某个段落时，会发现在脚注中用"ibid."，会加大你回溯资料来源的难度。有一个较为简易的缩短参考文献标注的方法，就是当我们第一次引用某文献时，给出全部注释内容，从此之后的引用都使用缩写即可，即作者的姓氏、缩写的文章标题、页数。比如下面这些例子：

11. Denis Judd, *Empire: The British Imperial Experience from 1765 to the Present* (New York: Basic Books, 1996), 79.

12. Judd, *Empire*, 80.

13. Bruno Latour, *We Have Never Been Modern,* trans. Catherine Porter (Cambridge, MA: Harvard University Press, 1993), 90.

注释要素	注释内容	备注
尾注编号	13	
作者名字	Bruno	
作者姓氏	Latour	
著作标题	We Have Never Been Modern	著作标题使用斜体格式
译者	Catherine Porter	trans.后加译者名
出版地	Cambridge	
出版社	MA: Harvard University Press	
出版年份	1993	
具体页数	90	

公式：编号. 作者名字 姓氏, *著作标题*, trans. 译者(出版地: 出版社, 出版时间), 具体页数.

14. Latour, *Never Been Modern*, 91.

15. Judd, *Empire*, 84.

16. Latour, *Never Been Modern*, 91.

12. 如何在正文中正确放置上标。读文献的时候，我们不难发现，绝大多数历史学家都会将上标数字放在句末位置，而非句子中间。因为上标数字放在句中很容易扰乱阅读，使人分心，只有当你很有必要区分同一句话里前后两个不同人的观点时,才可能将上标数字放在句中使用。接下来这个例子就是个上标数字放置的反面案例:"威廉·麦克菲利(William MacFeely)认为[4],种族主义是美国日常生活中一个潜伏的问题。"这种情况下,上标数字的确是放在句尾较为合理,因为直到句子结束,这句话讨论的始终都是麦克菲利和他的著作《萨佩洛人民》(*Sapelo's People*)。需要将上标数字放在句中的唯一一种情况便是,你想把麦克菲利的观点同其他人的观点明确区分开:"威廉·麦克菲利认为,种族主义是美国日常生活中一个潜伏的问题[4],但其他作者并不这么认为[5]。"

13. 引用一则已经被引用的史料。历史学家都爱从一手史料里引用。如果你在二手史料里读到其引用了某则一手史料,你自己也想引用该史料,那就要查一下这则史料,并保证你引用出处的准确性。当你回溯到这则一手史料时,才能对其进行引用。

但是,有时你确实获取不到一手史料,在这种情况下也只能承认该史料的存在,并写明"就像在(某二手史料)中引用的那样"或者"这里的引用来自(某二手史料)"。比方说,你读了西蒙·沙玛(Simon Schama)《公民们:法国大革命编年史》(*Citizens: A Chronicle of the French Revolution*)里面关于路易十六的处决。沙玛描述的场景,有一部分内容引用了路

第三章　如实书写历史

易-塞巴斯蒂安·梅西耶（Louis-Sébastien Mercier）的回忆录：

> 随着他的鲜血涌出，八万穷苦人民喜极而泣的呼喊声充斥着我的耳朵……我看到四国学院的男学生们将帽子抛向空中；他的血越流越多，一些人把自己的手指、钢笔或者纸张浸染进血里，还有人尝了一尝，说血像腌过一样咸……

这么生动形象的引文肯定能给你的论文增色不少，但是除非你身边有一座巨大无比的大学图书馆，不然基本不可能追踪到原始史料。用下面这个引用格式来撰写注释，你依旧可以在论文中引用上面这段精彩文字：

27. Louis-Sébastien Mercier, as cited in Simon Schama, *Citizens: A Chronicle of the French Revolution* (New York: Knopf, 1989), 670.

注释要素	注释内容	备注
编号	27	
作者名字	Louis-Sébastien	
作者姓氏	Mercier	

续 表

注释要素	注释内容	备注
二手史料作者	Simon Schama	是从哪位作者处读到这则无法查明一手史料的引用？
二手史料文章标题	*Citizens: A Chronicle of the French Revolution*	是从哪篇作品里读到这则无法查明一手史料的引用？
出版地	New York	
出版社	Knopf	
出版年份	1989	
具体页数	670	
公式：编号. 作者名字 姓氏, as cited in 二手史料作者, 二手史料著作标题, (出版地: 出版社, 出版时间), 具体页数.		

14. **避免使用离题的注释**。在读史学作品时，不难发现很多作者喜欢用尾注或脚注来介绍和解释观点，甚至讲一些题外话。这种离题的注释也许从作者角度看来很有意思，但是它们会经常扰乱读者的阅读。有必要阐释的话题，可以直接在正文中阐述清楚。偏离主题的注释应仅限于对读者在查找或理解原始史料时可能会遇到困难而进行评论的情况。

15. **注意注释和参考文献的格式区别**。当你写长篇论文时，有时候需要在文末加上参考文献目录。对于著作的参考文献，其格式可以这样写：先写著作作者的姓，并加上半角句号，因为整个文献目录是按首字母顺序排列的。然后是著作标题并加上半角句号，然后是不加圆括号的出版信息。如果是论文，要在出版信息的最后，用冒号加上完整的页码数字。参考书目通常也需要悬挂缩进，即首行要比后续各行左空五格：

Esherick, Joseph W. *Reform and Revolution in China: The 1911 Revolution in Hunan and Hubei.* Berkeley and Los Angeles: University of California Press, 1976.

Harrell, Steven. "Ethnicity, Local Interests, and the State: Yi Communities in Southwest China." *Comparative Studies in Society and History* 32, no. 3 (July 1990): 515-48.

如果对参考书目和引用还有其他疑问，可以查阅杜拉宾文体或《芝加哥手册》，它们都是史学工作者常用的权威指导。

除了使用脚注和尾注的方法之外，还有两种在史学学术研究领域中使用率略低，但也是可供选择的引用格式：现代语言协会（Modern Language Association, MLA）的文内引用格式（简称 MLA），通常用于文学领域；和美国心理学会（American Psychological Association）的文内引用格式（简称 APA），一般常见于社会科学领域。

> **本章回顾**
>
> 1. 对史料的记录和汇报要严谨认真。
> 2. 释义或总结他人的论点时要明确出处。
> 3. 使用恰当的引用格式。
> 4. 记得撰写参考书目。

练习：如何引用

给下列芝加哥引用格式的注释加上正确的标点。每题的（a）都是正常的脚注或尾注，（b）都是上面注释的再次使用，（c）是其参考书目。你可以参考前面第 3.9 节的样文和解释。答案请见文末"练习答案"。

1. Single-author book citation (refer to 3I.2):

    a. Norman F. Cantor *The Last Knight: The Twilight of the Middle Ages and the Birth of the Modern Era* New York Free Press 2004 24

    b. Cantor *The Last Knight* 25

    c. Cantor Norman F. *The Last Knight: The Twilight of the Middle Ages and the Birth of the Modern Era* New York Free Press 2004

第三章 如实书写历史

2. Multiauthor book citation (refer to 3I.3)

   a. Jane Burbank and Frederick Cooper *Empires in World History: Power and Politics of Difference* Princeton Princeton University Press 2010 24-25

   b. Burbank and Cooper *Empires in World History* 26

   c. Burbank Jane and Frederick Cooper *Empires in World History: Power and Politics of Difference* Princeton Princeton University Press 2010

3. Scholarly article citation (refer to 3I.4):

   a. William G. Rosenberg Reading Soldiers' Moods: Russian Military Censorship and the Configuration of Feeling in World War I *American Historical Review* 119 no. 3 June 2014 715

   b. Rosenberg Reading Soldiers' Moods 720

   c. Rosenberg William G. Reading Soldiers' Moods: Russian Military Censorship and the Configuration of Feeling in World War I *American Historical Review* 119 no. 3 June 2014 714-40

4. Website citation (refer to 3I.6):

   a. Clive Emsley Tim Hitchcock and Robert Shoemaker Gender in the Proceedings *Old Bailey Proceedings Online* www.old-baileyonline.org version 6.0 accessed April 13, 2011

b. Emsley Hitchcock and Shoemaker Gender in the Proceedings

c. Emsley Clive Tim Hitchcock and Robert Shoemaker Gender in the Proceedings *Old Bailey Proceedings Online* www.old-baileyonline.org version 6.0 accessed April 13, 2011

第四章

运用史料，做出推断

USING SOURCES TO MAKE INFERENCES

纵使无法得知逝去历史中的确切细节,人们仍从未停止书写历史的步伐。沃尔特·惠特曼(Walt Whitman)在《典型的日子》(*Specimen Days*)中写道,美国内战的"内政史"是"永远无法书写的历史——其实践性、事迹和激情的细节,永远无法言明"。[1] 也许他是对的,但惠特曼还是通过做出合理推论,尝试去解读内战。

推论不仅仅是一种直觉,而且是一种基于检验和对比证据后得出的理性结论。惠特曼在华盛顿军医院检查过伤兵的情况之后得出结论,这场南北战争异常惨烈。惠特曼将这一点写了下来,即便他并未见证每一场屠戮、每一次战斗,人们还是愿意相信他所言非虚。他见识了足够多的伤员,以此得出了自己的推论,并使人信服。正如惠特曼一样,历史学家也是利用自己的史料做出推论并尝试解读。

那么,怎样才能让一个推论性论点变得有趣呢?好的作者将史料以一种新颖又引人入胜的方式排列起来,就能进行推论。惠特曼也承认,内战期间并非所有人都愿意聆听和平主义者发表的言论。战争双方都在动员军队,恨不得消灭或重创另一方,全然不理会惠特曼在军医院看到的场景。惠特曼希望用自己的证据推论建立起论点,能够改变人们看待战争的方式。新的史料或者看待旧史料的新方法,都将使得当下社会的已有认知受到质疑。

推理论证是基于缜密的对比方可形成。现代的史学工作者在撰写过去时,都会将手头的史料做信息交叉比对,他们不会孤立地阅读史料,即便在该主题上只有一则史料可供研究,他们也会在自己的知识背景中进行阅读,然后将史料尽最大可能与其他资料做对比。

4.1 客观看待既定事实

所有推理都是从对事实的考察开始的。一些事实早已显而易见,但是现实中却总有一些人对这些既定事实抱有怀疑。一些冒充成历史学家的善辩者更是对已有事实大放厥词。成千上万的民众都见证、记载并亲身经历了大屠杀,但总有一个组织否认大屠杀的存在。该组织甚至还有自己的刊物,来"证明"自己是对的。[2] 真正的历史学家是检验事实中的不确定因素,他们不会根据有利与否来捏造或逃避事实。

4.2 将事实转化成证据

事实并非自己明摆在那里，不用说话就完成证明。历史学家也并非仅在罗列事实，他们得从事实中做出推断。历史写作可不是像《法网》(*Dragnet*)[①]中的刑侦人员一样，仅仅简单搜集事实就可以。(节目中有句经典名言："只交代事实，夫人，只要事实。")即便是在刑侦主题的影视作品中，犯罪事实也得经过法庭的验证和阐述。历史学家就像是"专家证人"一样，可以决定事实信息的真实性。他们尽可能地去伪存真，仅用最可信的证据来做推论。

4.3 检验事实

看起来的真相不一定就是事实真相，我们很难一眼判断出"真相"到哪儿截止，解释从哪儿开始。直到20世纪60年代，许多专业历史学家一直相信至少有1500万非洲奴隶经欧洲船只被贩卖到了新大陆。这个数字是否真实无误？菲利普·柯廷（Philip Curtin）就曾怀疑该数字有误。

他回溯并查验了一系列误导性的引用，最终发现这个1500万的数字来自美国一个名不见经传的小册子作者在19

[①] 流行于20世纪50—70年代美国的电视节目。——译者注

世纪50年代做出的臆断。柯廷从这些误算中感知到，现代历史学家有必要重新计算奴隶总数，他开始了自己的相关研究，并最终出版为《大西洋的奴隶贸易：一次人口普查》(*The Atlantic Slave Trade: A Census*)。在书中，柯廷估算出有950万奴隶登陆了新大陆。[3] 柯廷的这项研究是在20世纪60年代开展的，其他学者紧随其后做出了更多的研究。时至今日，埃默里大学（Emory University）的奴隶贸易数据库（Slave Trade Database）估算出有1070万奴隶在新大陆上了岸。[4] 史学工作者应以柯廷为榜样，有依据且切实地处理事实。大多数的事实是一目了然的，有时候史学工作者甚至觉得这些"事实"已然是社会常识。历史学家要学会审视史料，熟悉确定事实的构建过程。

4.4 查看一手史料内部是否一致

一份文献很少出现自相矛盾的情况，如果真出现了，那么肯定事出有因。比方说，有关20世纪初中国北方农村最丰富的史料，绝大多数出自1940—1942年间日本政府运营的南满铁路公司所撰写的报告。这些报告中存在大量自相矛盾之处，原因很简单：在日本侵华期间，该公司派出了多支社会学者小分队，采访了大量村民。

不难想象，村民们并不信任这些践踏了自己祖国的入侵

107

者，所以他们时不时会撒谎。即便如此，几位历史学家还是以这些采访为一手史料，重构了当时该区域的经济、社会和政策。[5] 他们对史料进行了内部推断，也就是将采访中的各部分交叉对比。个别村民在某些话题上可能对日本人撒了谎，这也意味着这些人的陈述肯定相互矛盾。抱着质疑且认真负责的态度来看待这些记录，还是能从中获得很多有用信息的。但是历史学家并没就此止步：他们也使用了中国北方农村的其他史料来作参考。总而言之，所有史料都基于某种偏好，完成信息的创造和选取，但是这并不意味着，历史学家不能据此判断过去发生了什么。

4.5 查看一手史料中的自相矛盾之处

将史料文献作对比往往能引导出重要的新推论。为了理解这种推断上的重大突破，就不得不提到著名的路易斯·巴斯德（Louis Pasteur），他为19世纪的生物领域做出了几项卓越贡献。

1895年巴斯德离世后，他的同事、仰慕者和亲属们将他的年谱发表出版。历史学家抱着质疑的态度运用这些史料，发现众多材料中很少有批评巴斯德的言论。唯一一份批判巴斯德的史料，源于巴斯德的侄子，同时也是其实验室助理阿德里安·卢瓦尔（Adrien Loir）。他暗示道，在炭疽疫苗的公开审理案件中，巴斯德误导了法官。但是，卢瓦尔能拿出的证据少得可怜,所以大部分历史学家还是选择继续相信巴斯德支持者们的正面评论。杰拉尔德·盖森(Gerald Geison)是第一个拿到巴斯德的实验室笔记的历史学家,这本实验室笔记的内容印证了其侄子卢瓦尔的观点。

盖森随后用笔记本上的内容重新评估了巴斯德所做的实验,至此,卢瓦尔的推测迎来了光明的转机。一次简单的史料对比,为有关巴斯德的推断带来了重要转折,也给盖森提供了一次写书的良机,即《路易斯·巴斯德的隐秘科学》(*The Private Science of Louis Pasteur*)。[6]这种史料间的对比是史学写作的重中之重。

4.6　对比一手史料和二手史料

一手史料的全新解读改变着历史学家对过去的理解,也使历史科学的知识不断更新。历史学家一直致力于使用一手史料来完善或颠覆其他历史学家在二手史料中的观点。环境史中有这么一个例子。在西非的几内亚(Guinea)的基西杜古(Kissidougou),这片区域周围的草原上总能看到无数如同补丁般的小块森林。19世纪90年代至20世纪90年代间,欧洲科学家时常造访这片区域。他们坚信是当地人不断地将森林改造为草原,这些状如补丁的树林明显是旧时森林的残余。由此他们在关于这些森林的二手史料中留下了自己的观点。直到

20世纪90年代的某天，两位外来的史学工作者，詹姆斯·费尔黑德（James Fairhead）和梅利莎·利奇（Melissa Leach）不怕麻烦，采访了当地人，请他们解释为何出现这样的树林。他们这才有了惊奇的发现：

这么多年来，当地村民一直在草原上坚持种树。欧洲科学家们一直将当地自然风貌的历史弄反了。这些采访作为一手史料倒逼人们对二手史料进行彻底的反思。在他们的著作《非洲风貌的误读》(*Misreading the African Landscape*)中，费尔黑德和利奇展示了优秀史学工作者该有的风范：史学工作者对待史料应永葆质疑之心。[7]

费尔黑德和利奇发掘出的一手史料将已有的二手史料推上了风口浪尖。反过来说，二手史料也能让一手史料引起风波。历史学家让·范西纳（Jan Vansina）用自己熟悉的二手史料找到了探究全新、陌生的一手史料的方法。1953年，范西纳第一次到访刚果，在此之前他一直学习中世纪欧洲史，甚至其硕士学位毕业论文写的也是关于中世纪拉丁丧礼上的挽歌。他在中世纪欧洲的历史文献方面有很深的造诣，但是对非洲历史知之甚少，因为当时的欧洲人几乎没人学这门学科。在这里，他遇到了一位名叫姆博普·路易斯（Mbop Louis）的古巴乡村历史学家，他对范西纳说："我们也能通晓过去，我们的报纸就在我们的脑袋里。"随后，他背了一首史诗给范西纳，范西纳觉得这和自己研究的拉丁挽歌十分相似。由此，他运用自己的史学研究方法钻研出一种处理口述一手史料的方法。[8] 之后，凭借在史料对比上出色的洞察力，他为非洲史贡献了几篇开山之作。这也告诉我们，不管看似多不相关、多奇异的史料，都值得对比一下。

4.7　系统地进行口述史研究

采访他人可以算是史学研究中最令人振奋的场景之一了。一次采访，可以让你在埋头历史研究的过程中，为研究和写作注入一股身临其境的感觉。然而，采访并不是一次简单的对话：这是一次汲取有关过去批判性信息的好机会，尽可能系统地进行你的采访工作。下面是一些指导建议。

1. 做好事先准备工作。 在真正采访之前，先从现存的史料记录中全面学习。然后，拟写出你想对受访者提出的问题列表。如果你对这段历史还一无所知，那么做采访对你和受访者来说都是浪费时间。受访者也会觉得你对访谈的话题知之甚少，从而无法信任你。

2. 做到细心周到。 告诉你的受访者你要采访的项目主题，并就引用其话语一事征得本人同意。有时候，他们只会在匿名情况下，才愿意分享信息。他们的处境也许比你想象得更脆弱，所以，一定要尊重受访者本人的意愿。如果你是一名大学生，你就读的大学或许会出版这类涉及以他人为研究对象的伦理道德准则，甚至还会有关于保护"受试人"的法律法规需要遵守。如果确实如此，向你的导师询问有哪些指导建议，并严格遵守。如果你是研究生、博士后研究者或教师，那你更要严格履行所在学校在保护受访者方面的一切要求。关于口述采访的更多详细建议可见唐纳德·里奇（Donald Ritchie）的佳作《大家来做口述历史》（*Doing Oral History: A Practical Guide*）的第三版。口述史的另一优秀教程来自口述史协会（Oral History Association）网站。[网址：https://oralhistory.org，点击"Resources"（资源），可获取资源。]撇开上述这些警告不谈的话，你会发现很多人其实很享受因一段历史被采访的过程，自己的亲身经历具有历史意义这件事足够他们感到荣幸了。

3. 保持耐心。 采访受访者需要花费时间，比这更难的是和一些受访者取得联系。通常情况下，有别人推荐你，或者你先给潜在受访者发送一封带有你的简历和项目简介的邮件会比较好。有时候，在你取得受访者信任，让其愿意和你分享有效信息前，也许你需要先有两三轮的谈话预热。如果你决心要采访他人，要早做打算，以免最后时间不够。

4. 把笔记做严谨。 在采访进行中，要一直做手写笔记。

第四章 运用史料，做出推断

也许你想用电子记录设备或者智能手机软件来帮你记录，但是电池没电，按错按钮等问题时常发生。录音可能听起来模糊不清，充满背景噪声。使用外置麦克风可以获得更好的录音效果，即便如此，也要用书面笔记来支持你的工作。因为电子设备除了技术问题，还有其他不利因素。录像设备虽然能清晰完整地记录采访过程，但是也会让你的受访者有所顾虑。如果你发现录制设备妨碍了采访本身，直接关闭机器，手动记录即可。

5. 对口述史料保持批判性思考。访谈通常是可靠的，但也应进行批判性评估。要注意，受访者对事件的记忆可能并不完全如实。他们甚至可能在访谈中有所收获。如果可能的话，将他们的故事与其他人告诉你的故事进行比较，还可以将口述资料与所有可用的书面材料进行比较。书面材料不一定就比口头资料更可靠，但书写往往是保存历史版本更有效的方法。

6. 培养自己作为采访者和阐释者的技能。学习如何处理史料需要大量的实践，学习如何采访也是如此。最优秀的采访者通常也最有经验。经验丰富的采访者都知道，采访最好能从公认的事实性话题开始。当采访者与受访者就这一话题渐入佳境后，再提出一些事实和阐释方面有难度的问题。受访者总会滔滔不绝——而有经验的采访者知道如何能轻松地重新主导访谈，并始终将研究问题牢记于心。关于获得进一步的指导，有许多很好的口述史指南。如需口述史的正式介绍，请参阅唐纳德·里奇（Donald Ritchie）的书，以及在线的史密森民俗和口述历史采访指南（Smithsonian Folklife and Oral History Interviewing Guide）。[9]

4.8　对比史料后再做推论

在研究和写作的过程中，你一边读史料，一边从中获得更多史料。既要学会查证一手史料和二手史料之间的内部一致性，也要学会在互相矛盾的史料之间作对比分析。怎么才能将这些技能在实践中融会贯通呢？

比方说，你正着手处理一份一手史料，来自密西西比河三角洲（Mississippi Delta）的歌手罗伯特·约翰逊（Robert Johnson）于20世纪30年代录制的歌曲《十字街头的蓝调》（"Crossroads Blues"）：

> 我走到十字街头，
> 双膝跪地。
> 我走到十字街头，
> 双膝跪地。
> 向天上的主乞怜，
> 说道，孩子若你愿意。

第四章 运用史料，做出推断

单纯从这首歌的歌词出发，历史学家能从中获取什么信息？歌手走到十字街头祈祷，却在用一种漫不经心的口吻向上帝乞怜。即便歌词本身并未有明确的地理指向，历史学家也已知歌手约翰逊是在密西西比三角洲唱的这首歌。单就歌曲来说，从史学角度出发，这首歌并没什么特别之处。

也许这首《十字街头的蓝调》想说的仅仅是祈祷，但是如果多点儿对歌手罗伯特·约翰逊的了解，历史学家就能对这首歌有进一步的领悟。历史学家皮特·丹尼尔（Pete Daniel）在他的著作《站在十字街头》（Standing at the Crossroads）中，描写了一位叫约翰逊的年轻人结识了蓝调音乐家桑·豪斯（Son House）、威利·布朗（Willie Brown）和查利·巴顿（Charley Patton）。20世纪20年代，他们几位都在密西西比三角洲的多克里种植园（Dockery plantation）附近工作和演出。

约翰逊的表演并没其他几人那么好，有段时间他消失在人们的视野中，似乎准备永远告别舞台了。但是几个月后，他突然作为一名出色吉他手强势归来。传闻说，他走向了十字街头，并在这里将自己的灵魂和魔鬼交换，以求能演绎好蓝调音乐。这个传说也使约翰逊的听众能更好地理解这首歌曲。[10] 历史学家有理由推断，约翰逊演唱这首歌是为了在观众中延续这个传说。

皮特·丹尼尔把这首《十字街头的蓝调》放在约翰逊一生中的传奇故事的语境中进行解读，但其实我们还可以从这首歌的其他方面的对比中得出更多推断。传闻中提到的魔鬼，让人印象深刻，能不能找一则史料，能让我们在非裔美国人的宗教活动这一语境里探讨约翰逊的歌呢？关于密西西比河三角洲的历史，詹姆斯·科布（James Cobb）在其专著《地球上的最南端》(*The Most Southern Place on Earth*)中提到过，身为非裔美国人的蓝调音乐家对于魔鬼的概念，有着完全不同于欧裔美国人的理解。他们眼中的魔鬼不是邪恶的撒旦，而是一位喜欢开玩笑戏谑的魔神，就像非洲神灵中的"Legba"一样。詹姆斯把自己和魔鬼联系在一起，本意是想给自己打造神秘冒险的人设，没想到与欧裔美国人的传统理解背道而驰了。[11]

这个说法有其他依据吗？詹姆斯在歌中所涉之处，是否真的是非洲宗教活动在非裔美国黑人文化中有所遗留的体现？通过追踪一系列新的脚注，我们可以从文本对比中得到更多推论。约瑟夫·霍洛韦（Joseph Holloway）主编的作品集《美国文化中的非洲文化研究》(*Africanisms in American Culture*)中有多篇论文均有事实依据证明，非洲宗教和音乐活动在非裔美国黑人文化中确有留存并有所发展。其中一篇由罗伯特·法里斯·汤普森（Robert Farris Thompson）撰写的文章用大量证据证明，十字形记号和十字路口在刚果人的文化里带有宗教属性，这些带有十字的符号在非裔美国黑人的艺术及民俗文化中依然有着重要地位。

另一篇由玛格丽特·华盛顿·克里尔（Margaret Washington

Creel）撰写的文章着重讲了十字形记号在刚果宗教活动中的重要意义。考古证据和口述史都表明：早在基督教传入这块土地之前，十字形记号在刚果宗教中就有着象征意义，并且在基督教时代，在乔治亚州的近海地区以及卡罗来纳州的南部也能找到刚果的宗教观念存在的证据。[12] 如果我们在这个语境中审阅这些信息，罗伯特·约翰逊的这首歌无疑成为接下来这个推断的一项有力证明，即有些非洲文化的某些元素在黑奴贩卖活动中被留存下来。

克里尔的论证的主要支撑来源于约翰·简森（John Janzen）和怀亚特·麦克加菲（Wyatt MacGaffey）在20世纪70年代出版的刚果口述史作品集。麦克加菲记录有一篇口述文本，与《十字街头的蓝调》对比起来显得趣味十足。一位名叫金加尼（Kingani）的男人描述了他如何走到十字街头并在此向先祖之灵祈祷，保佑自己孩子健康。[13] 这份刚果的文本和罗伯特·约翰逊的歌曲有着惊人的相似。这样的史料对比说明，约翰逊并不一定是受了非洲宗教传统的影响。它仅仅说明，约翰逊也许只是遵循了源自大西洋彼岸的民俗而已。通过对比做出这样的推断，更容易把互不相干的证据串联起来。

4.9 学会利用视觉和物质史料做推断

大多数学者都习惯分析文本资料，所以史学工作者也需要主动去学习一下，如何使用图像和实物史料。实际上，包括科技史学者、考古学家、艺术史学者在内的史学工作者都经常和实物打交道。虽然这项技能很难掌握，但学会分析实物能为你提供看待事物的新角度。下面的一些指导建议援引于朱尔斯·普洛文（Jules Prown）的文章《物中之思》（"Mind in Matter"），有助于我们学习这项技能。不同学科的学者有几种常见的分析图像和实物的通用方法。

1. **描述图像或实物**。对于艺术品和历史实物来说，亲眼所见会有所帮助。艺术品、雕塑和技术的照片很少能传达出亲眼所见所获得的完整印象，但如果无法亲眼所见，照片也可以。观察一下这份史料，你能看到什么？给出物体、图像及图像中所绘物品的物理描述。它是什么形状？如果可以测量，它的纬度如何（尺寸、重量）？如果无法测量，可以估算一下。物体的表面是否有明显符号，比如标记、装饰或者铭文？如果是一幅画或一张历史照片，请描述画面的不同部分——"右上角的美国国旗"等。

2. **思考图像或实物**。如果是多个实物，它们之间的交互如何？这件物品摸起来如何？当你使用这件物品时，其尺寸、重量或者形状有没有引起你的考虑？该物品可以用来做什么，又是如何工作的？它好用吗？它的使用体验如何？使用时，你

第四章　运用史料，做出推断

有什么感觉？你喜欢它吗？它有没有令你失望？它有没有让你觉得困惑？如果是一幅图，它和其他图比起来有何不同？它是否有着和其他图像相似或不同的图案或形状？它有没有明显的风格？

3. 针对图像或实物进行研究。遵循开展研究项目的基本步骤，针对"何人、何事、为何、何地、何时"提出问题。随后，通过相关的二手史料进行研究，例如网站、文章和书籍。二手史料提供所需的历史语境，这将引导你从描述图像或实物转向提出论点。

4. 根据图像或实物提出论点。你能否做到，既天马行空又合情合理地分析这份实物史料？回顾你的描述和推理，你可以做出哪些假设？根据这件实物或图像，你能提出哪些具有重要史学意义的论点？过去的人使用这件物品，或看到这幅画时是怎样的场景？借助其他史料作为放大镜，进一步解读这件实物。有没有其他证据可支撑你的假设、推断和演绎？[14]

一个关于图像分析的优秀案例可以在2004年版学术期刊《环境历史》（*Environmental History*）刊登的一篇文章中找到。在文中，作者尼尔·马赫（Neil Maher）分析了1968年12月阿波罗8号拍摄的著名照片《地出》（Earthrise）以及1972年12月阿波罗17号拍摄的同样著名的照片《全地球》（Whole

119

Earth）。马赫仔细地描述了这两幅图像。在《地出》中，照片以月球表面作为前景，展示了地球的一部分景象，而《全地球》则很明显拍出了整个星球，画面中再无其他。马赫谈及了有关拍摄这些照片的相机技术信息和历史细节，然后他将话题扩展至美国总统约翰·肯尼迪的"新边疆"历史背景，并将其与美国领土扩张鼎盛时期拍摄于黄石公园、巴拿马、海地和菲律宾的风景照片进行了对比。在选定这一历史语境后，马赫便针对阿波罗8号的照片提出了一个论点。他写道："《地出》虽然暗示了美国的领土扩张从地球延伸到了外太空，但它也标志着边疆观念从自然向技术的转变……《地出》就是在向世界宣告，美国已经赢得了太空竞赛。"接下来，他开始与阿波罗17号照片的比较："1972年的《全地球》照片讲述了另一个技术与自然关系的战后美国故事。"美国的政治和思想生活在4年间发生了变化："《地出》的叙述象征着美国边疆在外太空的延续，而《全地球》的叙述通过消除所有月球表面的参照物，抹去了这种边疆观念。取而代之的是，第二幅照片用一种无美国式的自然视野形象取代了美国边疆的概念。"《全地球》中展示了其他国家，体现了"去中心化的美国形象，并以一种更加全球化的自然环境形象取而代之"[15]。

第四章 运用史料，做出推断

4.10 从推断生成论点

做推论的过程也是史学工作者提出新观点的过程。这个研究领域越是反复被人充分研究过，新的观点往往越是惊世骇俗。但从大多数书店上架的图书来判断，历史学家总还是能找到点新东西来探讨老话题。正当你觉得"二战"的话题已经被聊烂了，就有一本新书横空出世。

老话新说有很多种方式。经验丰富的历史学家都知道，新点子往往来自一二手史料之间的近距离精细对比。某领域的新观点能够点亮旧史料，新史料的发掘也会激励历史学家反思旧观点。实际上，每位史学工作者都能带给史料独一无二的个人视角。

即便如此，单有新颖性还远远不够，只有让细节的推论融入文章的宏大论点，让文章的论点无可辩驳才算成功。阅读史料时，就应开始对论文谋篇布局。如何从对事件和史料的提问过渡到构思自己的故事和论点呢？这才是历史写作中最富挑战性的环节。要学会通篇考虑你掌握的一二手史料的论点，负责地将它们有建设性地结合起来，为你所用。

4.11 从史料中做出有理有据的推断

史料文献可以对史学作者产生良性制约。比如你可能出于直觉认为是外星人帮助埃及人建造了金字塔，但是在精读了相关的一二手史料后，你会发现找不到支撑这个假设的证据。但也别担心，就算你认为你能提出一个惊世骇俗的新论点，也要知道更重要的是意识到手中史料的局限性。不要对史料存有过多期望，也别把主观期望带入史料阅读。实在不行，你甚至可以写一篇论文，讲述有时候你从史料中所得甚少的情况。即便真的如此，你还是要做好准备，重新定义论文所讨论的问题或者赶快移步去找其他史料。

4.12　做出可靠推论

不同的推论有好有坏，是什么成就了一个优秀的推论呢？历史学家相信某个推论时，总归是出于特定的理由。所以，找到这个理由就能揭开谜底，到底在什么情况下便可认定一则推论是有根据的呢？

1. 演绎式推理。在演绎推理中，学者虽然是在有限的史料证据基础上做出推论，但该推论依然可信，这是因为它的推理符合普遍存在的逻辑。换句话说，演绎推理指的是，将广泛存在的规则应用于某个具体情况。

历史学家将可靠的演绎推理分解为已陈述和未陈述的部分，来理解演绎式推理。让我们以下面这个史学演绎推理为例:"水门事件中,录音带的空白处说明了尼克松试图掩饰某些事。"历史学家有哪些证据能支持这个说法呢?水门事件的录音带里的确有大段空白,但是尼克松从未承认自己在隐藏什么。他只说是自己的秘书不小心抹掉了录音带的部分内容。人们为什么都不信尼克松呢?常识告诉我们应该是尼克松把磁带中会让自己受牵连的关键部分抹掉了。大多数人都会认为,尼克松既有这么做的动机,也有这么做的机会。

如果我们将这个观点分解为演绎推理,那么就是这样:

- 证据:水门事件中的录音带存在大量空白。
- 常识性理据:人们抹去录音是为了损毁信息。
- 推论:当尼克松将不完整的水门事件的录音带交给调查人员时,他一定是想掩饰某些事。

通常情况下,历史学家不会把自己的推理过程写得这么程式化,但是基于常识的演绎推理可以让人在有限证据的条件下确保论断可信。

常识有的时候显而易见,有时候却又极具迷惑性。通过测试历史学家所谓的可靠性是否真的基于常识,可以对他们的推论提出挑战。所有的史学工作者应该都听过哥伦布如何证明地球是球形而非扁平的故事。传闻中,哥伦布的同行者都觉得地球是平的，因为他们相信了一个较为薄弱的常识：

- 证据：地球看起来是平的。
- 常识性理据：人能够区分平的物体和圆球形物体。
- 推论：地球是平的，而非球形。

显而易见，人类并不真的具备区分扁平物体和球形物体的能力，至少从星球这个巨大的纬度上来衡量是这样的。如果我们的常识性担保已经失去意义，那么我们的推理也必然有误。因此，要谨慎对待你所依赖的保障，特别是当它未被言明的时候。如果你不自查，那么你的读者也会查。

2. 归纳式推理。历史学家通常把归纳式推理和科学研究方法联系起来。因为归纳推理是从一个个具体的零星证据开始，最终将它们归纳总结起来。在阅读和研究中，你会观察不同的事实，察觉到其中的关系，最后得出相关结论。

归纳法的使用仰赖大量数据，它们能帮助史学工作者更加接近结论。以下面这则陈述为例："人口普查报告显示，1890—1990年之间美国人的预期寿命有显著增加。"这个归纳型陈述里有哪些组成要素呢？

- 证据：人口普查报告显示，1890—1990年之间美国人口的死亡年龄显著后移。
- 归纳性理据：大量数据支撑，便能接近结论。
- 推论：在证据的基础上，可以推理出美国人的预期寿命有显著增加。

最常见的检验这种推断的方法便是看看证据是否有效。隐含的归纳推理是很难被推翻的。

4.13　避免无端对比

史学推理的核心便是对比，所以我们在对比史料时要格外小心。好的对比能帮助历史学家在论证过去时强化论点，而有些对比则毫无意义，甚至不负责任。在查尔斯·梅尔（Charles Maier）的著作《无法主宰的过去》（*The Unmasterable Past*）中，作者写到德国历史学家是如何解读纳粹主义和大屠杀的。在调查这个话题时，梅尔的观点是，有些史学对比是"合法的"，有些则不是。大屠杀可能永远会在其他种族灭绝和残暴行为的背景下被理解，但梅尔批评那些将大屠杀与其他种族灭绝相比较以减轻德国人罪责的历史学家。[16] 历史学家应该利用对比来形成恰当的推论。

4.14 避免时代错乱的推论

当我们进行史学写作时，就是在代替历史人物张口说话。这样的工作任重道远，也充满挑战，因此时代错乱的解读在史学写作中绝不应存在。史学工作者可以为研究对象做出后世解读，却不能将他们置于一个混淆年代的情境里。

有些年代混淆的错误很容易避免。细心点儿的人是写不出这些文字的："就在恺撒越过卢比孔河之前，他还看了一眼手表，想想还来不来得及喝杯茶。"显而易见，凯撒根本就不可能拥有手表和茶叶。即便如此，细微的年代混淆的错误还是时有发生。比如说，学者乔治·勒费弗尔（Georges Lefebvre）想用马克思原理解释法国大革命的起源问题。但是当他写作《法国大革命的降临》(The Coming of the French Revolution)时，他发现自己没法这样说：当时法国的工人阶级正着手成立共产主义政党，并建立无产阶级专政。因为这种年代混淆的陈述对 18 世纪的法国人民而言是完全错误的，当时的法国人民还从来没听说过什么共产主义政党或者无产阶级专政。勒菲弗尔是用了从马克思那里读到的阶级矛盾的高级理论，对自己的史料提出新问题。[17]

许多学生对历史感兴趣，是因为他们想探索和解释当今社会问题的根源。这也是人们想对过去提出问题的常见原因，但是历史学家们要尊重古人的眼界。比如，历史学家认为牛顿的

第四章　运用史料，做出推断

《自然哲学的数学原理》(*Principia*)是现代物理学的源头,但是我们也要将牛顿放在 17 世纪的语境中去理解。和其他同时代人一样,他其实是对和物理毫不相关的炼金术和宗教感兴趣,这从现代角度看起来也许荒谬古怪,甚至有些愚蠢。就像贝蒂·乔·蒂特·多布斯(Betty Jo Teeter Dobbs)在她的专著《天才的两副面孔》(*The Janus Face of Genius*)里展现的那样,历史学家要从牛顿本人的视角去解读他,从牛顿所理解的炼金术和宗教的角度去探究他如何理解力学。[18] 身处后世的我们很容易对过去的素材提出具有当代视角的问题,但是史学工作者应谨记:自己笔下的研究对象生长于旧时,要忠于他们自身的视角。

本章回顾

1. 思考一下,你从证据中能得出什么?
2. 思考一下,你从证据中无法得出什么?
3. 认真检查事实。
4. 全方位、多角度对比证据。
5. 在证据的基础上,拟写论点。
6. 忠于研究对象的真实情况。

史料评估

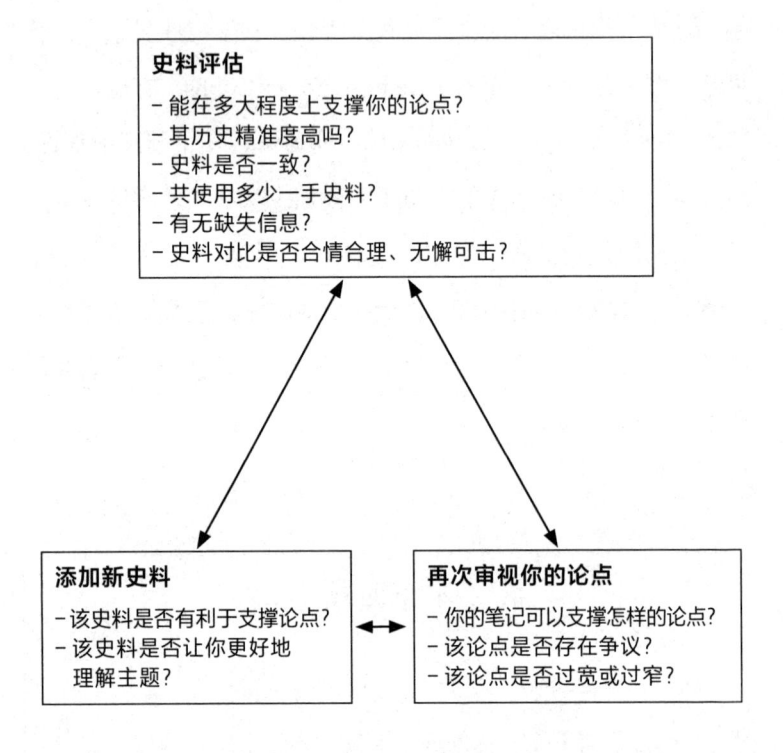

- 能在多大程度上支撑你的论点?
- 其历史精准度高吗?
- 史料是否一致?
- 共使用多少一手史料?
- 有无缺失信息?
- 史料对比是否合情合理、无懈可击?

添加新史料

-该史料是否有利于支撑论点?
-该史料是否让你更好地理解主题?

再次审视你的论点

- 你的笔记可以支撑怎样的论点?
- 该论点是否存在争议?
- 该论点是否过宽或过窄?

第四章流程图　读懂史料

第五章

开始写作！开始谋篇！

GET WRITING!
GET ORGANIZED!

经过日复一日、旷日持久地收集和分析史料，终于迎来了从研读到动笔的这一刻。这也是整个项目最为艰难的阶段，然而，事不为不成。面对空白的电脑屏幕，我们可以听听塞缪尔·埃利奥特·莫里森（Samuel Eliot Morison）这位 20 世纪中叶最伟大的历史学家的建议，在他的文章《史学，一种文学艺术：对年轻史学者的呼吁》（"History as a Literary Art: An Appeal to Young Historians"）中，他建议学生们不必执着于找到最后一则史料或者煮好最后一壶咖啡才开始写作。他坚持让学生"先**动起笔**来再说"（First and foremost, *get writing!*）[1]，而不是一直拖拖拉拉。一旦你开始动笔写了，你会严肃思考自己到底准备说些什么。

5.1 起草论文主旨句

从现在开始,你的假设要以论文主旨句的形式出现了。论文的主旨句通常是一句总结出主要论点的话,它将通篇引领读者。在学生撰写的分析性短篇论文中,论文主旨句往往放在导论段落的最后。在较长的研究性论文中,开头的几段导论将介绍该领域的二手文献综述,以此阐明写作动机,后面便是论文的主旨句。有一个简单的测试可以检查论文主旨句是否可行。论文主旨句的目的是总结论点,所以,要看看它能否称得上是个好论点。将你的主旨句大声读出来,并问问自己:

1. 这个论文主旨句的观点是否有争议,大多数正常人会同意还是反对?
2. 史料证据是否支持主旨论点?

如果答案是肯定的,请在空白页的顶部写下主旨句。现在,你可以用提纲填充其余页面了。

5.2 试写分析性论文的提纲

到这一步,你应该已经明了,你将用哪些史料证据来支撑主要论点。可能,你不知道准备用哪种行文方式来组织论文,是在长篇叙事中涉及分析话题，还是夹叙夹议，用短篇叙事来阐明具体的观点？在写作初期，最好能写好论文提纲。在这一步，你只需用粗线条勾勒出论文的大概框架，测试这么写是否行得通。

回到最初的例子，如果你想以第一章中我们多次提及的博物学者威廉·巴特拉姆为聚焦，写一篇美国殖民时代的环境史论文，那这篇分析性论文的提纲或许可以这么写：

I. 导论：殖民时期美洲的科学、自然环境和探险

II. 威廉·巴特拉姆

  1. 早年时期

  2. 在美国东南部的旅行

  3. 晚年时期

III. 巴特拉姆的主要贡献

  1. 植物学

  2. 鸟类和动物

  3. 民族志

IV. 结论

  1. 其他人如何赞扬巴特拉姆

  2. 其人生的重要意义

因为全文是围绕巴特拉姆筹划的，所以这是一篇分析性论

文。这种大纲说明该论文不是把一种叙述方式用到底，而是包含着几部分的叙述：巴特拉姆的故事、巴特拉姆在东南部旅途中的各种学习经历、人们如何评价巴特拉姆。

5.3 试写叙述性论文的提纲

你也可以用单一叙述的方式组织论文，一叙到底。这样的话，你需要掌握巴特拉姆的大量信息，以他的一生为叙事主线，贯穿起其他几个重要的分析部分。如果想写单一叙事的论文，可以参考下面这个提纲：

I. 巴特拉姆的青年时代

  1. 在父亲资助下的教育和培训

  2. 开始对科学问题和方法有所感悟

II. 巴特拉姆的旅行

  1. 在卡罗来纳州（Carolinas）的科学发现

  2. 在佐治亚州（Georgia）的科学发现

  3. 在佛罗里达州（Florida）的科学发现

  4. 在亚拉巴马州（Alabama）的科学发现

III. 巴特拉姆的人生尽头

  1. 高度赞扬他的贡献

  2. 巴特拉姆的离世和他在科学、历史领域留下的财富

5.4　搭建论文框架

到现在为止，我们讨论了分析性和叙述性论文该如何组织框架结构，是时候挑一个合适的框架结构了。为此，你要思考以下几个问题：哪种框架最适合你的史料？哪种框架你用起来最得心应手？你的读者受众最喜欢哪种框架？

前期草拟的论文大纲只能给论文提供一个梗概结构，对初学者来说是很有必要的，但是在帮助你申明论点上的用处不大。如果你想搭建一个完整的分析性论文框架，还得为这副骨骼加上血肉。一份完整的论文的提纲要能衔接上下、起承转合。

5.5　开始撰写初稿

前面我们已经给出了完整提纲，这些框架能让我们的论证站得住脚。一份好的提纲不仅可以展示主要论点还可以突出其重要性，从提纲中可以看出各章节段落的分论点如何与主论点相关联。但就算这样，提纲不能代替论文进行论述，提纲也只是提纲而已。

当你心中已经有了完整提纲，就可以回头在史料中找找那些能支撑你的预备论点，并围绕这些论点开始写出段落。通常，你最先写好的一般是论文的中间段落，而非开头。论文的引言并不一定是最先写成的。事实上，你可能更愿意先完成论文的主体部分。当你在围绕史料奋笔疾书时，新领悟和新发现会不断涌现，到你写完正文的时候，你早期对引言的构思，在完成论文的主体部分后或已被你抛诸脑后了。

一篇史学论文光有引言、论证段落和结论还不够，好的史学论文还能在特定方向上引领读者。当然，能在通篇保持论证方向，对作者来说也是高难度挑战。这也是为什么一篇论文一定要有论点。论点并不是愤怒地宣泄脏话，而是在行文中逐渐形成的观点。论点必须吸引并抓住听众的注意力。"论证"一词源于拉丁语 arguere，意为启发、指控、控告或证明。

当你在写初稿时，脑中始终要有论点和论点的发展走向。当你给论文加了很多分析和信息后，要时常回看，检查新写的部分是否能有理有据、有趣、有效地推进自己的论点。你甚至会发现在写作过程中，你已逐渐偏离了原本论点的论证路线，以至于和最初的论点也大不相同了。如果真是这样，那么你得回到原点，重新检查整体论证的一致性。

5.6　从容优雅地抓住读者的眼球

面对文本的时候，每个读者都会自问："我为啥要读这个？""它和我有什么关系？"史学作者需要给读者一个关注话题的充分理由。许多历史学家喜欢在专著和论文的开头将自己的研究兴趣与更宽泛的学术、政治争论联系起来。比方说，卡罗琳·沃克·拜纳姆（Caroline Walker Bynum）在她关于中世纪宗教女性的专著《圣宴与圣斋》(Holy Feast and Holy Fast)的开头，简短地讨论了她学术领域的学术研究，然后她用下面的方式抓住了读者的注意力：

> 性欲和金钱……现代学者一遍又一遍地强调，性欲和金钱本身的诱惑是导致人们犯错的原罪。放弃这些，则必须要有受人敬仰的英雄主义。然而，这仅代表20世纪的现代观点，而非中世纪晚期。在这个已然工业化的世界一隅，我们的粮食取之不尽，以至于我们从没在意过谷物、牛奶这些用之不竭的生命所需，转而在金钱和性欲的渴求中彰显权力和成功。[2]

注意一下拜纳姆写下这段文字的口吻。她提及了性、金钱、粮食这些社会普遍利益，却处理得不慌不忙、方法得当。作者想吸引读者注意力，并不是非得丢什么重磅炸弹，切合主题意义，从容自得即可。人们更喜欢读那些能引发共鸣、让人信赖且足够权威的文章。即便你觉得读者未必站在你这边，对待他们也应秉持中正。先在你这里摆正读者该有的正确位置，让他们来倾听你的观点。

5.7　尽早说明立意

在前面的例子中,拜纳姆以个人利益为支点,撬动了读者们的关注。读者们很期待作者能在文中透露全文的立意。你的论文涉及史学中的哪些重大问题？你为什么选择这一主题来探究这一深远的立意？随着文章的深入,你的论点如何展开？在文章开头就应该点明这些问题,不然很有可能会让读者一直摸不着头脑,只得败兴离去。

在小塞缪尔·K.科恩（Samuel K. Cohn Jr.）的一篇关于黑死病的文章的引言部分,他很好地回答了这几个问题。他是这么写的：

> 艾滋病和生物战的威胁让专业历史学家、生物学家和公众重拾对黑死病（Black Death）的兴趣,大家感兴趣的不仅是评估芽孢杆菌的毒副作用,还有大规模群体死亡所带来的心理上和文化上的长期后果。这篇文章的论点有二。其一是反驳黑死病就是鼠疫。与一个多世纪以来历史学家和科学家的假设以及医学和历史文献的记载相反,淋巴腺鼠疫的病原体[耶尔森氏菌（*Yersinia pestis*）]于1894年在香港首次被发现。这两种疾病在迹象、症状和流行病学上都有显著不同。证明这些显著差别是本文的论述要点。

第二个论点来源于这两种疾病在流行病学上的区别。人类对现代淋巴腺鼠疫是没有天生免疫力的，而西欧人在最初的一百年里迅速地适应了黑死病的病原体。人类的免疫系统获得了成功，进而促成了一次文化反应，这种文化反应不同于"瘟疫与人"中提及的常识。① 回到遥远的修昔底德年代，历史学家们认为瘟疫的余震会使暴力不断升级，让世俗的文明毁于一旦，催生悲观的厌世情绪和超然的宗教虔诚。重读中世纪晚期知识阶层的史料，从商人编年史到大学毕业的医生撰写的疫情手册，都显示出了事情的另一条轨迹。在经历了最初的瘟疫肆虐之后，人们突然对鼠疫的反应有了改观。这种精神上的转变为文艺复兴带来了新的启示，也揭开了为何在西方经历了这次不朽之死后，"名声和荣耀"会再次得到推崇的谜底。[3]

在这则引言中，科恩通过现代人对流行病和生物战争的恐惧，勾起了读者兴趣。然后他迅速介绍了两个但凡了解过黑死病的人都会感兴趣的重要论点。第一个论点是，黑死病也许不是由淋巴腺鼠疫引起，人类对淋巴腺鼠疫没有天生免疫力。第

---

① "瘟疫与人"在这里指的应该是加拿大著名学者威廉·麦克尼尔（William H. McNeill）在1976年出版的专著《瘟疫与人》（*Plagues and Peoples*）。——译者注

二个论点是，欧洲人逐渐开始对黑死病发展出自身免疫，这个免疫学上的成功非但没有让人们感到挫败，反而大受鼓舞。

科恩的观点可以说是很激进了，他将这些观点视为"范式转变"，想以此扭转学界一百年来关于黑死病的观点。科恩强调了自己论点的独创性，但他又确立了一种理性的基调，即使是最持怀疑态度的历史学家也会认真考虑他的论点。他没有对前人学者进行尖刻的批驳，相反，他使用了一种绝佳策略。他从第一段便开始构建他的案例，我们可以由此对他的史料证据有一个初步认识：横跨"从商人编年史到大学毕业的医生撰写的疫情手册的中世纪晚期文献"。

当读者们开始阅读科恩的文章时，他们知道自己为何感兴趣，知道作者在探讨哪些问题，也知道作者大概会怎么处理这些问题。在文章的第一段，作者便给予了读者很高的预期。

在科恩这篇文章里，我们还可以看到：论点，特别是重要的论点，在文章开头就要提出。在常见的论文写作中，一篇论文会有一个论点，也就是一个基于史料证据可供讨论的主张。一般来说，历史学家都会在接近文章开头的地方简明扼要申明论点，也就是我们所谓的"主旨句"。一些老师也会要求学生在引言部分就把明确的论点总结进去。另一些老师（和专业作者）对此的灵活度稍高。不管怎么说，最好是把论文的主旨句放在文章的开头附近，这样读者能尽早掌握你的论点。

历史学家保罗·约瑟夫森（Paul Josephson）在《海洋

里的热狗：炸鱼条的发展历史》(The Ocean's Hot Dog: The Development of the Fish Stick)一文的开头便开宗明义。这里我们对主旨句做了加粗处理：

> 炸鱼条，作为上学的孩子们的噩梦，通常被视为是学校食堂和母亲为了骗他们摄入蛋白质而吃的一种过度加工、裹了面包屑、吃起来像纸壳一样的东西。它发明于"二战"后，是多重现代性因素影响下的产物。这些力量包括房屋基建蓬勃发展；现代厨房开始有了冰箱这样的新装备，有了像太空时代一般的即食食品；消费文化的兴起以及日益富足的社会。
>
> **然而，炸鱼条在20世纪50年代的兴起并非因为消费者们对它争相抢购，也肯定不是因为学生们真的需要，而是因为我们要处理并销售掉从海洋捕捞的大量鱼类，不管是片好的鱼片还是冻硬的硕大鱼块。**但是，消费者对冷冻鱼片已经提不起任何兴趣，对鱼制品的需求持续走低。生产商们想出的办法，就是用炸鱼条，这种裹上面包屑的预制食品来解开困境。当然，在产品问世前，还得需要一些最新科技来加持。[4]

文章的第一句便引起了我们的关注，紧接着又将看起来平平无奇的炸鱼条放入一场严肃的讨论中。这篇文章的主旨句告诉我们，炸鱼条的发明者并非因为发现了巨大商机，相反，冷冻鱼类在消费市场已然供大于求，商人们急需摆脱这一现状！驱动创新的恰恰是供应，而非需求。

5.8　回顾史学文献

史学工作者们都知道，既有深度又有广度的阅读会帮我们更好地分析问题。历史学家通过演示其主题的历史背景来和读者建立共同联系。史学论文通常都会以回顾一个或多个领域的历史作品来开头。有时，历史学家会在这里总结他人的研究成果，并反驳他们的证据和方法；更多时候，历史学家会在这里回顾其他著作，并提出改变方向或重点的理由。

在杰弗里·博尔斯特（Jeffrey Bolster）的文章《大西洋史中的海洋》（"Putting the Ocean in Atlantic History"）中，作者在开头便提到大多数大西洋世界里的历史学家长期以来忽略了海洋史本身。为了证明自己对大西洋史了解之深足以做出这个论断，他将大西洋史研究总结为，"以模糊了史学和学科界限、弱化国界、尝试新颖的社会和文化交流著称"，还在添加的脚注里援引了许多最新的重要文献。

他将大西洋的历史和其他海洋地区的历史作对比，声称"海洋史研究的激增让传统地理学转变了方向，并强调了海洋在区域史创新中作为新链接的重要性"。另有脚注援引了其他一系列重要史学著作。紧接着，博尔斯特回顾了大西洋史中研究政治史和经济史的学者，又在脚注中添加了六篇文献作为参考。博尔斯特肯定了史学工作者、记者和生态学专家为加深海洋生态变化的理解而携手合作，并给出了八本著作作为参考。

他总结道，大多数史学研究者看轻了大自然在现代大西洋世界中的分量，然后他引用了七位历史学家的著作，这七位都成功地将自然融入了自己的史学研究。更进一步的文献则是指出哪些环境历史学家将海洋史纳入研究，哪些没有。毫无疑问，这位学者大量阅读了对自己最终论点至关重要的背景文献，然后得出最终结论：在1500—1800年间，新英格兰人改变了西北大西洋，其社会同样也被西北大西洋所改变。[5]

作为学生，写作时不必展示像博尔斯特那样经过多年学术生涯的积累才能达到的知识能力。但是，读者们都会希望在阅读论文时，能看到作者十分通晓该领域里公认的权威作品。这种对经典作品的熟悉也是向读者表明，作者能给出更多有价值的观察。

5.9　用好的段落构建论文

一个段落可不仅仅是论文中某一段缩进的文字。好的段落会衍生出用史料做出的推断，会给全篇的中心论点添砖加瓦。为了达到这些效果，下面是写好一个段落的建议：

1. 做好与上文的承接。读者希望知道自己为什么由一段转入另一段的阅读。好的段落之间要做到使用一两个过渡句来铺垫下文和承接上文，提醒读者已经读到哪里，将会读到什么。

2. 点明段落论点。每个段落都通过展示或深化自己的分论点为全文中心论点的论述做贡献，有时候，这些分论点在过渡句中呈现，或者，需要你单独写一句话，点明这段的主旨。

3. 为段落论点提供史料证据。有哪些史料证据是你能用来支撑这一段落论点的呢？从史料中找出能帮助你做出自己的史学推论的信息。

在理论上，处理段落的这三个要素并不复杂。实际上，想做好这条建议需要很多练习和创意。出色的历史学家可以将过渡句、论点和史料证据这三者巧妙融合在一个段落里。达到这一境界的方法有很多，并非每个段落都对应同一种基本结构。

如果你想找一种优秀段落的模板，可以参考下丹尼尔·海德里克（Daniel Headrick）描写欧洲科技在全球传播的史学著作《帝国的工具》(*The Tools of Empire*)。作者在第四章探讨了19世纪枪械的演变情况：

19世纪初，欧洲步兵的标准武器是前装式滑膛火枪（muzzle-loading smoothbore musket）。它有一个可以从后膛处的洞内引爆火药的燧石点火装置，还有一个附在枪管上的刺刀，可用于近身搏斗。英国士兵一直到1853年还在使用的"布朗贝斯"（Brown Bess），与他们的祖先在1704年布伦海姆（Blenheim）战役中使用的武器几乎没什么不同。它的官方射程为200码，但有效射程只有80码，还不如一把好弓的射程。

尽管按照要求，士兵们应该架好枪支，直至看到敌人的眼白再开火，但是通常情况下，他们会对每一个敌人射出所有子弹。这种滑膛枪至少要花一分钟时间才能装好子弹，所以想要在战场维持住稳定的射击速度，士兵们需要进行反向行军的训练，每一排依次向前行进并射击，然后返回头再去给子弹装膛。

这款燧发枪的最大缺点之一是糟糕的射击纪录。在最佳条件下，它也只能保证十次触发中有七次子弹能射出，如果碰到雨天或潮湿天气，甚至会完全熄火。因此，士兵们在训练中要学会如何把步枪作为长矛使用。1807年，亚历山大·福赛思（Alexander Forsyth），一位苏格兰的牧师兼业余化学家，想到了一个解决方法：他用剧烈爆炸的氯酸钾作为起爆药，并用撞击式击发装置代替燧石点火装置，制成了一把任何天气都能开火的枪。

实验证明，撞击式击发装置每千次发射仅有 4.5 次哑火，而燧石点火装置则高达 411 次。1814 年后，费城的乔舒亚·肖（Joshua Shaw）在福赛思发明的基础上继续改进，将火药放入小金属帽中，简化了装弹过程，从而使武器更少受到外界因素的影响。[6]

这里我们要注意，海德里克是怎么衔接第一段和第二段的。第一段中，他在讨论老式的前装式滑膛火枪的一些局限性。第二段的开始，他告知读者，他现在要说明这种枪的最大弊端之一。读者此时还在接受他介绍滑膛枪的毛病，而作者已经悄然让大家接受另一种评估滑膛枪的新方法了。同时，海德里克也搭配了大量史料（在原文中，每段的结尾处都附上了他的史料来源）。这些段落在他笔下文从字顺，循序渐进，都由史料支撑，且与他研究的枪械史的大论点紧密相连。

5.10　尽早界定关键术语

不要幻想着你和读者在重要概念的理解上能心有灵犀。最好在文章开始，当你引入这些概念时，就给出明确界定。你可以借助术语的定义作为铺路石，进而讨论研究对象的复杂性。

1. 界定不常用术语。有时，读者们无法辨识一些专有名词或外来术语，这就需要我们来给出定义。1995年，A. I. 萨卜拉（A. I. Sabra）在其科学社会史中的阿拉伯科技讲座上，讲解了"穆瓦格"（muwaqqit）的作用。你要问了，"穆瓦格"是什么，是谁？根据萨卜拉的说法，这个词指的是一个清真寺中的计时员，他使用天文学方法来确定穆斯林每天五次祈祷的准确时间。当萨卜拉定义这个术语时，他借机指出了阿拉伯科技的独特之处。萨卜拉提到："显然，这是在马穆鲁克（Mamluks）军事贵族集团的统治下，首次引入穆瓦格这一机构，负责管理每天五次祷告的计时工作，在这一永恒的宗教场所中，设置了一个专供某种科技知识使用的地方。"萨卜拉定义术语的方式，不禁让读者去思考一个更宏观的问题：宗教和科学之间的关系。[7]

2. 重新界定常见术语。"穆瓦格"这类罕见的术语肯定需要我们给出定义。然而，有时候即便是常见的英语词汇，也需要我们重新界定，就以"风景"（landscape）为例。正如威廉·克罗农在他的专著《土地的变迁》中对该词的用法一样。在《美国传统词典》中，"landscape"的定义是"陆地景色的视线或远景"（view or vista of scenery on land），但是克罗农对这个词的使用更宽泛。当他看到殖民时期新英格兰地区在生态上的转变时，他讲述的是美洲土著和英格兰移民之间，从自然资源管理到文化及政治纷争的故事。克罗农书中的新英格兰人认为"风景是人类社会状态的视觉确认"[8]。相比美洲本土的风景,这种看待世界、给世界制定规则的英式风景,占了上风。

5.11 为文章定好合适的基调

历史学者都要和自己的读者建立起关系,想要建立起融洽和谐关系的最好办法就是为文章的叙述口吻找到一个适宜且令人信服的基调。

1. 避免使用第一人称单数称谓。通常来说,史学作品不会以第一人称单数的称谓进行写作。历史学家都承认史学写作中会掺杂个人偏见,但是我们没必要过分强调该现象的存在。无法令人信服的历史学家也许会这样写:"在我看来,弗雷德里克·杰克逊·特纳(Frederick Jackson Turner)忽略了美洲原住民在民主制度形成过程中发挥的作用。"其实,这位学者也可以这么写:"弗雷德里克·杰克逊·特纳忽略了美洲原住民在民主制度形成过程中发挥的作用",省略冗余的称谓用词。读者自然知道这是文章作者的观点。

一般来说,历史学家只会在讨论自己亲身经历过的现象时,才使用第一人称单数称谓来写作。这么做的目的是阐释他们个人和研究主题之间的关系。比方说,卡尔·德格勒(Carl

Degler）在写作人类学中的种族反思这一主题的专著《寻找人性》(*In Search of Human Nature*)时，这样开头："就像大多数和我一个性别、阶层出身的美国白人（爸爸是消防员），在我这个年代（1921年）出生，一生下来就被这个世界塑造成了一个带有种族偏见和歧视女性的人。"[9]作者这么写是为了引起读者对个体和社会偏见问题的关注。他也坦诚地告知读者，自己和书中研究主题之间存在很强的个人关联，也许读者在评估其论证时需要得知这方面的情况。

2. 措辞审慎，保持中正。所有历史学者都对自己的研究对象持有自己的评判，但是也别过于严苛。如果你的研究对象涉及某些骇人听闻的行为，要学会在做出判断和展示史料证据之间找到平衡。一部分最难处理的史料便是纳粹德国的资料，下面的两位历史学家在论述观点时，措辞审慎、口吻中正，故而令人信服。

罗伯特·杰伊·利夫顿（Robert Jay Lifton）作为精神病专家和史学工作者，想调查研究为何医生们愿意为纳粹政府服务。他以约瑟夫·门格勒（Josef Mengele）医生作为论点的例证——这确实是一个令人反感的例子。利夫顿在专著《纳粹医生》(*The Nazi Doctors*)中写道，门格勒"犯下了真正的罪行，杀人犯罪，直接谋杀……这些罪行包括筛选受害者、注射、枪杀、殴打和其他类型的蓄意杀害"。这些行径早已为人熟知，利夫顿这本书的有力之处在于他审慎的论证。他实事求是地描述门格勒的"研究",并把门格勒所实施的实验放在纳粹医学事业的语境里分析:"和其他纳粹党卫军医生不同,门格勒在奥斯维辛集中营做到了自我实现。只有在这儿,他找到了自己才华的施展之地。"即便处在集中营,门格勒始终是一位完美的临床研究者。利夫顿客观又带有讽刺地呈现出门格勒的形象,这样读者便会相信书中的结论:门格勒有精神分裂症,这使门格勒更容易从自己给他人造成的痛苦中分离出来。[10]

以微妙且讽刺的方式来描写骇人听闻的行为已经足矣。读者们清楚,你选择描述它是因为你觉得它令人生畏。威廉·谢里登·阿伦(William Sheridan Allen)想探究纳粹党如何一步步上位。他没有把焦点放在柏林那些名声大噪的政客身上,而是写了一本名叫《纳粹掌权》(*The Nazi Seizure of Power*)的书,聚焦于纳粹党(NSDAP)在一个德国小城诺特海姆(Northeim)的所作所为。他描述了纳粹分子如何运用公共事件为纳粹事业维持热度:

> 在随后的礼拜天,3月19日,诺特海姆的纳粹党为自己的胜利举办了庆典活动,选在牲畜拍卖大厅(Cattle Auction Hall)举办再合适不过了。这座被纳粹万字旗装饰一新的大厅人满为患,少说也有一千人。主讲人是纳粹党传道者,牧师明希迈尔(Pastor Muenchmeyer),

他的演讲主题是"神的旨意，多么伟大的转变！"整场庆典充斥着保守、严肃和虔诚的氛围。[11]

阿伦没有把纳粹叫成牲畜，而是说，牲畜拍卖大厅很适合纳粹集会。他没有说牧师和观众们智力平庸，而是给出了演讲的标题。阿伦用理智的口吻，机智巧妙地摆明了他的观点：纳粹党是一群危险、谄媚的乌合之众。

5.12　慎重对待其他研究者

学术是一项非常脆弱的事业，它仰赖活跃的争论和对异议的包容而蓬勃发展。而这些争论与异议都建立在相互尊重和慎重思考的基础上。当在写作中涉及其他史学工作者时，你应像和他们当面对话一般，给予他们足够的尊重。不要低估或曲解对手的论点，不要为了削弱其论点而对对手进行人身攻击。

5.13　为反驳做好准备

不要局限于某一个观点，而忽略了其他可能性。承认其他可能的阐述方式，能有效提升作品的可信度和复杂性。读者不会认为这是你能力不足，反而会觉得你具有开放性思维。事实也是如此，读者也许已经发现你的论点中的矛盾之处了，他们

第五章 开始写作！开始谋篇！

等着看你如何处理这些矛盾。

鉴于研究工作的性质，历史学者很清楚，完美无瑕的阐述从不存在。知识就是一件难以明确的事情。在写短篇论文时，高效一点的办法是在文章快结尾时提出几个主要的反驳观点，随后通过重申论点来总结全文，说明即便如此，你还是想要阐明自己的立场。在长篇论文、学位论文或专著中，作者在考虑史料证据时，会引入各式各样的反驳观点加以讨论。

罗伯特·麦克艾文（Robert McElvaine）的专著《夏娃的种子：重读两性对抗的历史》（*Eve's Seed: Biology, the Sexes, and the Course of History*）中就有反驳观点的例子。麦克艾文回顾了来自史前时代和进化心理学中的证据，这些史料表明，人类是适应性极强的社会动物，他们既会相互竞争，也会通力合作。人类乐于协作的一面使得他们倾向于建立两性共同工作的家庭和族群。在人类历史的大部分时代里，性别差异并非都会导致一个性别从属于另一性别。麦克艾文认为，公元前1000 年左右开始的农业革命使得男性在之后几乎所有文化中都主宰着女性。根据麦克艾文的观点，男性在脱离了狩猎者这一角色后，出于缺乏安全感和嫉妒，开始出现厌女现象。家庭内部的父权制映射出的便是在政治、宗教和商业领域的男权统治。男权统治并非天生，这一点能从历史维度进行解释。

为了说明这个论点，麦克艾文需要提及两个相互矛盾的论点：一个是，人类行为完全由其生理决定；其反面观点是，所有人生来都是一张白纸，重要的是后天如何教化，而非天性。

麦克艾文想说明先天本性和后天教化同样重要。首先，他用一个笑话把两个相反的观点引出，笑话引自他父亲，并作为书中前几章节里某章的标题，他写道，人"百分之九十是天生的，百分之九十是教养的"。紧接着，他开始思考当今许多美国自由主义者支持的"教养"观点。他这样写道：

> 之所以如此多的自由主义者都坚持认为人的本性应该被忽视，在我看来，是因为他们对人类本性的含义存在根本性的误解。他们担心，承认先天特性，会导致证实人和人之间存在**差异**。实际上，就像[弗朗兹]博厄斯理解的那样，人性的真正本质，在于揭示人类的**相同**之处。正如罗伯特·赖特（Robert Wright）所言，与旧时的社会达尔文主义不同，"今天的达尔文主义人类学家在研究世界各地不同民族时，更加关注文化间深层次的一致性，而非表面差异"。

在看完"自由主义者"观点后，麦克艾文转向"保守主义者"，他们通常认为遗传基因才是人性本质的决定力量。他引用两位"社会生物学家"——理查德·道金斯（Richard Dawkins）和爱德华·威尔逊（Edward Wilson）——的作品，他们认为，人类"是由我们的基因创造的机器"，以及"人类的行为……是一种迂回策略，以确保人类基因物质在过去和将来都能完好无损。而道德准则并没什么可供查证的终极作用"。为此，麦克艾文以下面这段话回应这些"社会生物学"论点：

> 就像一个多世纪前的达尔文主义一样，如今的社会生物学也被人利用，试图为无理之事辩护。保守主义者抓住自然选择的原则，认为一切事物都应顺其自然，因为它们是适应之神创造的。但事实并非如此，他们忽视了遗传漂变（genetic drift）。在遗传漂变的作用下，出现了既不提供进化优势也不提供劣势的特征，因此，尽管有达尔文的自然选择，这些特征仍能存活下来，并且不是因为达尔文的自然选择。达尔文自然选择的实质，并不是一种生物特征必须适应性强才能生存，而是相比其他特征，该特征的适应性没有那么差。一些特征在满足了最初的演进功能后，还会有后续的其他发展。人类的智力也许就是个例子。人类的智力水平进化得远远超过人类千万年来生存所需，而它仍在物理角度上继续发展（尽管可能还没有超出甚或达到核时代生存所需的程度；事实上，它可能最终会被证明是不适应的，因为它会毁灭物种）。

关于保守派和自由派立场对于人性本质的总结，麦克艾文兼顾了平衡与公正，尽管他对这些观点嗤之以鼻。通过汇报和充分讨论两种相反观点，麦克艾文使得自由派和保守派都会进一步考虑他的观点：自由派认可的社会和性别平等，其实得到了生物学上关于人性本质的证据支撑。[12]

5.14　引导读者走向有趣的结论

随着文章的深入，要学会加强所持观点的重要性。你的所有分析都应该巧妙地支撑你的主要论点。读者将在你的带领下前往目的地，在沿途的段落中，要记得给他们提供充足的指引和史料证据。等来到最终的结论章节时，读者早已做好一切准备，将你的结论放回到更广泛的语境中。

和引言及论述段落同理，结论段落的写法也并无定式。即便如此，史学工作者在撰写结论时，仍需注意以下几点。结论须得反映全文，并再次回答"谁在乎"的问题。强有力的结尾不该是简单重复了一遍引言。如果这篇论文确实持续地、饶有兴致地加强了观点，那么就该在结尾处以新方式概括全文。这篇论文的发现有何重要意义？这些发现将如何改变读者的思维方式？

丽亚娜·瓦尔第（Liana Vardi）的文章《近代早期欧洲的收获想象》（"Imagining the Harvest in Early Modern Europe"），描写了近代早期的欧洲社会中，艺术家和作家们是如何描绘农民的，这篇文章的结论部分为我们提供了一个既简明又趣味十足的案例。随着时间的推移，农民的形象很少和农活相关，反而是和乡间的闲适联系更多。她在结尾处写道：

> 18世纪的人们接受了农民的新形象。作为劳动人民，农民是无害的、可怜的，因此，也是慈善机构和家长式关怀的天然对象。一名独立的农场主，他友善纯良、吃苦耐劳、甘为家庭奉献自己。乐于学习且愿受领导，农民称得上是国家的好公民。18世纪末期，这一形象已成为人类的象征。[13]

她总结了自己的论点，却并未止步于此，在最后一句中，她为农民这一形象赋予了更广泛的重要意义。

本章回顾

1. 做好多写几稿的准备。
2. 尽早阐明目的。
3. 认真构思论述。
4. 界定专有名词。
5. 处理相矛盾的观点。
6. 做好结论的收尾。

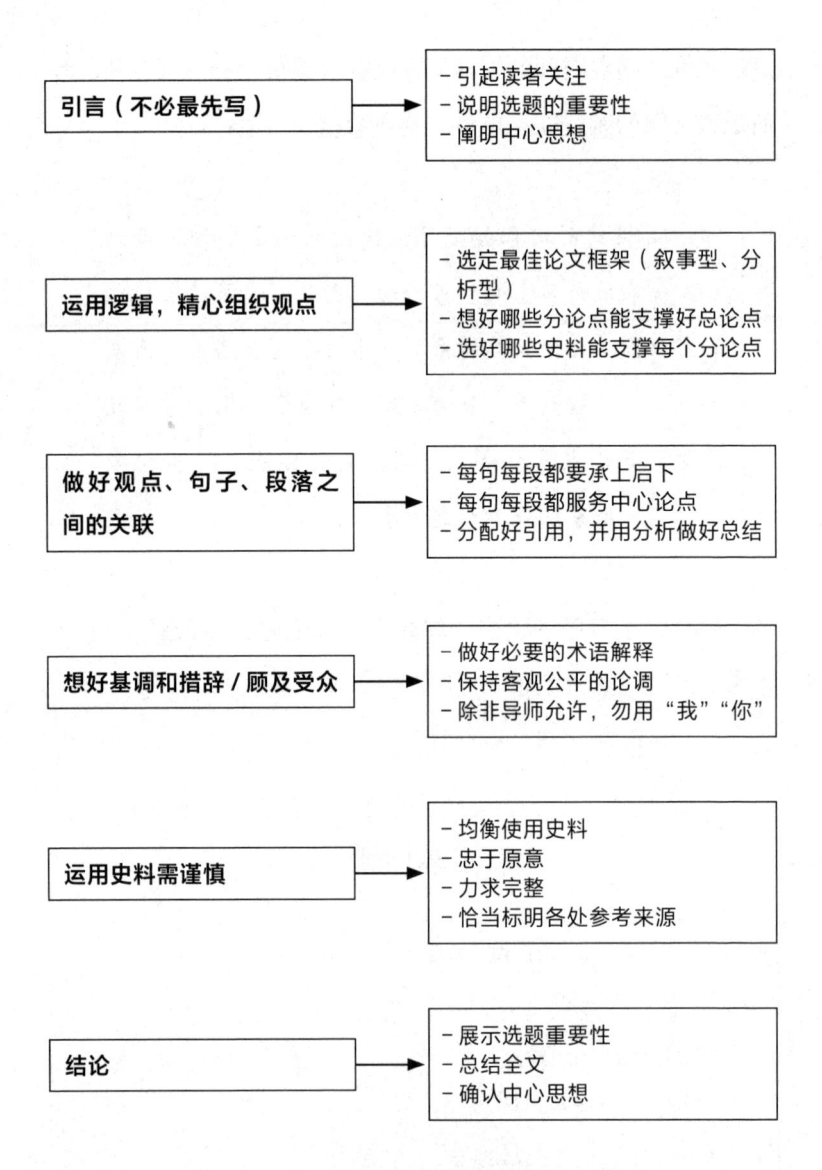

引言（不必最先写）	- 引起读者关注 - 说明选题的重要性 - 阐明中心思想
运用逻辑，精心组织观点	- 选定最佳论文框架（叙事型、分析型） - 想好哪些分论点能支撑好总论点 - 选好哪些史料能支撑每个分论点
做好观点、句子、段落之间的关联	- 每句每段都要承上启下 - 每句每段都服务中心论点 - 分配好引用，并用分析做好总结
想好基调和措辞／顾及受众	- 做好必要的术语解释 - 保持客观公平的论调 - 除非导师允许，勿用"我""你"
运用史料需谨慎	- 均衡使用史料 - 忠于原意 - 力求完整 - 恰当标明各处参考来源
结论	- 展示选题重要性 - 总结全文 - 确认中心思想

第五章流程图　撰写初稿

第六章

史学写作的叙事技巧

NARRATIVE TECHNIQUES
FOR HISTORIANS

在论文叙述的组织方式上，你可以选择长篇单一叙事，也可以沿着你分析的思路，用短篇叙事模式对逐个分论点展开分析。长篇叙事方法常常用于政治史、思想史，而分析法则大多用于社会史、文化史和经济史。不管哪种方法，史学写作者都需要用到叙事。

6.1 将时间顺序与因果关系相结合

在叙述时，历史学家需要借助时间来构建过去。因此，叙事自然而然会赋有一些线性时间的特征：开端、中间过程、结尾。这看起来很简单，但是在极富经验的历史学家手中，叙述历史事件可不仅仅是罗列一件接一件事件这么简单，而是要同时呈现，先发生的事件引发了后续的事件。

当你在起草一段叙事时，首要任务是选出影响重大的事件，并将这些事件按时间顺序排列。理解事情发展的起因至关重要，然而想做好这一点，可比你想象中要难得多。举个例子，历史学家在书写十字军东征的历史时，需参考穆斯林和基督徒的叙述。困难的是，这两个宗教使用的纪年方式不同，这也意味着，为了制作一份纪年一致的时间表，历史学家得把一种纪年法中的日期，换算成另一种纪年法中的日期。有时，若某个事件的确切发生日期无从得知，就需要我们尽己所能根据其他史料资源，给该事件安排好时间。根据 18 世纪英格兰教区的记录，新生婴儿接受洗礼的日期是确定的，但这并不是他们的出生日期。如果你想根据受洗的时间推断某人的出生日期，就得找其他史料，从中得知父母和教堂排了多久的队才轮到自家孩子受洗。按发生时间给历史事件排序，可不仅仅是个练习题，它能帮助你领悟时间流转带来的变化。

6.2 感知变迁与连续性

当你理好了事件的顺序，就可以从中感知到有些事情是如何随着时间的推移而变化的，而有些则一成不变。在时间的语境中哪些事件的发生是可预知的，而哪些让人始料未及。这个判断过程绝非易事。不同的历史参与者可能会对同样的连续性和变化做出不同的解释。1833 年，英国议会解放了其殖民地上的所有奴隶。30 多年来，政客和活动家们就废除奴隶贸易、改善奴隶生活、解除奴隶的束缚等话题不断争论。从伦敦的角度来看，有些人早已预见了奴隶解放，甚至认为这一切势不可当。

从巴巴多斯奴隶（Barbadian slave）[①]的角度出发，他们也许完全跟不上伦敦的时事政治，对他们来说，这场解放可谓突如其来、翻天覆地。但这个阐释难免过于简单。解放之后，种植园的前主人千方百计强迫已获自由的黑奴继续劳动。制糖产业还需要土地、劳力和资本，种植园主依然有利可图，被解放的黑奴却分不到一杯羹。在这场变革中，被解放的奴隶感受到的可能更多是延续，而非巨变。[1]不管哪种情况，如果没有准备好可靠的时间表，就很难察觉出这类问题。

6.3 选好故事中的主角

比方说，你准备对巴巴多斯岛的奴隶解放进行叙事，可能要聚焦于已获自由的奴隶和他们曾经的奴隶主。也许你还要对奴隶出身的女企业家、早前的自由市民、殖民时期的银行家或者政府公务员进行调查研究。谨记，你所叙述的故事要服务于你的论点。相比其他个例，某个人物故事是不是能更好地证明

[①] 巴巴多斯岛（Babados）位于西印度群岛，17世纪初沦为英国殖民地，并为殖民者带来大量黑奴，殖民后期以甘蔗种植园和制糖业出名。广大黑奴不断进行反抗和斗争，英当局被迫于1838年废除奴隶制，但大部分黑人留下继续种植甘蔗。——译者注

你的论点？哪类人群在变革中更具重要意义？又或许你想把某些人完全排除在叙事之外，或者降为背景人物。

读者需要你介绍主要参与者，就像你介绍朋友一样。不建议撰写整篇传记——只需在讨论人物的每一点上提供一些细节即可。历史学家史景迁（Jonathan Spence）在其关于太平天国运动领袖洪秀全的书中介绍了许多次要人物。在书中关于香港、澳门海盗的部分，我们见到了"大头羊"。史景迁写道："在澳门，葡萄牙人和华人通婚或私通很常见，他们的后代很多做了海盗，其中最出名的莫过于'大头羊'，此人的父亲是华人，母亲是西洋人，大头羊的匪帮后来进入内陆，盘踞在桂平一带。"史景迁用精选的细节介绍了大头羊，提供了许多关键信息，包括他多元文化的过去，并预示了他在叙事中的作用。[2]

6.4 作为叙事者，找到你的独特声音

找到独属于你的叙事声音实非易事，特别是对于初学者。这对所有史学工作者都是一样的困难重重，但有一条：每个叙事者都应尽可能忠于过去的人和事。

1. 全知全能型叙事者。 一些历史学家作为叙事者，喜欢把自己隐于背景之中，身处局外，用上帝视角来讲述书中的

故事，既不对历史人物，也不对所涉及的史料妄加评论。《大兵变》(The Great Mutiny)描写了1857年印度的反殖民起义，其作者克里斯托弗·希伯特（Christopher Hibbert）用的就是这种叙事方式。他写道，这场叛乱的开始便是英国官员下令让印度军队（为英军服役的印度本地士兵）使用一种新型弹药筒：

> 1857年1月的某天，达姆兵工厂的一个低种姓劳工想从一位印度士兵的圆水壶里讨口水喝。这位印度士兵，作为婆罗门高种姓，自然是拒绝了他。种姓间的规矩让他无法满足对方的要求。他擦了擦自己的水壶，仿佛对方碰一下就会玷污了它一样。"你的种族马上就要彻底完蛋了，"劳工对他说，"因为欧洲人会让你们咬浸泡在猪牛的荤油里的子弹盒，到那个时候，你的种姓该怎么办？"[3]

2. 未确定型叙事者。有些历史学家认为自己的史料状况支撑不起全知全能型叙事。事实上，1857年的那场大兵变的起因也争议颇大。一些历史学家选择了并不笃定的叙事策略，来反映他们的史料其实也存在语义模糊。作者们可以通过告知读者自身阐释的局限性来加强叙事本身。约翰·迪莫斯（John Demos）在《未得救的俘虏》(The Unredeemed Captive)这本书中就运用了这一策略。这本书讲的是1704年迪尔菲尔德惨案（Deerfield Massacre）中一名叫作尤妮斯·威廉斯（Eunice Williams）的英国小姑娘被印第安人中的莫霍克人掳走的故事。① 在她被掳后，尤妮斯适应了卡纳瓦克易洛魁人的生活方式。这让她的家庭十分苦恼，但他们仍旧想尽办法把她带回马萨诸塞州。迪莫斯手头的史料十分有限，大多数都是尤妮斯的英国亲属这边的信件和日记。她的家庭在几十年间一直尝试了解尤妮斯，但是一共也没记下什么有用信息。即便如此，迪莫斯还是竭尽全力从这仅有的一点史料中获取信息，在推断尤妮斯这场人生重大变故时，他的叙事十分出彩：

> 这个转变非同一般且用时很短。1707年，有消息称，尤妮斯"自己不愿回去"。而那些印第安人——可想而知也包括她的新家庭——"宁愿失去他们的心，"也不愿失去这个成功"培植"的孩子。[4]

6.5 选好属于你的故事开端和结尾

历史总是跨越了无数的时间和空间的界限交织在一起，但每段叙事总有自己的开端和结局。你的故事从何时讲起、从

---

① 迪尔菲尔德惨案是在安妮女王战争期间发生在美洲的一次战斗。1704年2月29日，当时法国和美洲原住民袭击者在黎明前袭击了英国殖民者在马萨诸塞湾的迪尔菲尔德镇。——译者注

何处收尾,则是一件难事。希伯特在写作 1857 年起义的故事时,是从德里(Delhi)国王的英国代表托马斯·梅特卡夫(Thomas Metcalfe)爵士的一个普普通通的工作日写起的。

> 下午两点半,他从办公室回来,准备在三点吃午饭。午饭过后,他会坐着读会儿书,然后下楼去台球室。打完台球,他就坐在露台上,对着河水凝视两小时。接着便是简单的晚餐,晚上再抽抽水烟。钟已敲了八下,他站起来准备上床睡觉。解下领带,和那件精美的外套一起扔到地板上,等着那位忠仆去捡。如果这个仆人或者某个仆人的履职不尽如人意,托马斯爵士便会派人用银托盘呈上来一副白色羊皮手套,然后优雅地带上这副手套,狠狠地掐这个罪人的耳朵。[5]

希伯特要讲述的并不是一个游手好闲、专横跋扈的殖民时期的地方官的故事。作者借助这个开头,为他的长篇故事营造了开场这一幕,为的是讲述印度人如何反抗英国强权,英国又如何付出惨痛代价最终镇压了这场起义,而这一切又如何改变了南亚和大英帝国。

希伯特将开头一幕设置在德里这座城市,是因为全书叙事最精彩之处将是英国人重新夺回德里之时。而故事的收尾就在英国人将德里国王流放的时候:

虽然审判持续了两个多月,判决却毫无争议。3月29日这天,他的所有指控均被判成立,最终判处他终身流放仰光。同年10月,在与情妇所生幼子贾万·巴克特(Jawan Bakht)和济纳特·马哈尔(Zinat Mahal)极不情愿的陪伴下,他离开了德里。而济纳特·马哈尔早已"烦透了他",形容他是"麻烦、肮脏、易怒的糟老头"。1862年11月7日他于仰光去世,而他儿子贾万·巴克特的后代子孙至今仍生活在仰光。[6]

希伯特选取这个点来给叙事收尾,是有原因的。对很多人来说,这场起义结束的方式有很多,但对于作者希伯特来说,德里国王的流放代表着整场起义的最终结束。这场起义的起因之一便是谁能继承王位的争论。起义绝大部分都在德里及其附近发生。国王的流亡将几条情节线索在最后归拢到了一起,希伯特提及国王的后代子孙,也是强调了这场反叛引发的永久性遗留问题。在给史学叙事收尾时,可以学着希伯特的例子:给故事和论点选择合适的开端和结尾。

6.6 精选细节填充叙事

每段叙事都有一些容易辨识的要素。一段叙事要有叙事者，要以时间为轴发展故事，要有主要人物，有情节，有背景设定。史学叙事和其他形式的讲述故事有许多共同之处，比如长篇小说、史诗等。一段叙事，概莫能外，都是由几段较短的叙事和精心挑选的细节支撑起来的。叙事中包含的故事通常起到证明中心论点的作用。公元前5世纪，希腊冒险家及故事家希罗多德（Herodotus）写下了最早的史学叙事。他擅用戏剧张力和鲜活的描写帮助读者展开对过去的想象。

当他重构公元前480年，波斯入侵希腊的场景时，希罗多德描述了皇帝薛西斯（Xerxes）和他庞大的军队如何摧毁了斯巴达驻守在温泉关（Thermopylae）隘口的小分队。他没有简单地写寡不敌众的斯巴达士兵如何英勇作战，战死沙场；也没有简单告诉读者，斯巴达勇士在面临波斯的千军万马来袭时如何镇定自若。他写道，斯巴达人全不把波斯军队放在眼里，还在梳理头发。希罗多德没有一一描述每个英勇的作战片段，而是从中精挑细选，特别提到了一名叫狄耶涅凯斯（Dieneces）的斯巴达士兵的故事：[1]

> 在他们和波斯人交战以前，一个特拉奇斯人（Trachis）告诉狄耶涅凯斯说，敌人是那样的多，以致在他们射箭的时候竟可以把天上的太阳遮盖起来。

---

[1] 参考了希罗多德：《历史》，王以铸译，商务印书馆2009年版，第652页。有改动。——译者注

他听了这话之后毫不惊慌，完全不把波斯人的人数放在眼里。他说："他们的特拉奇斯朋友给他们带来了十分吉利的消息，因为假如波斯人把天日都给遮住的话，那他们便可以在日荫之下，而不是在太阳之下和他们交战了。"[7]

6.7 所叙之事须得服务于论点

希罗多德这一叙事，并不是为了讲述在温泉关的一位英勇士兵的故事，而是选取了特殊事件来给一个更大的阐述做证明。历史学家借助趣闻和故事来展开观点，一流的叙事者能将强有力的论点寓意于行云流水的叙事中，不着痕迹。当希罗多德面对雅典公众展现自己的作品时，他会用戏剧化的表现形式来和观众建立联系：薛西斯之所以打输了这场仗，是因为他刚愎自用，而许多希腊戏剧中的人物也都因此走向毁灭。希罗多德讲温泉关的故事是希望用这个鲜活的例子，展现出斯巴达人为了维护希腊统一而奋起反抗。他还想在自愿为自由而战的希腊人和被迫卖命作战的波斯人之间形成鲜明的对比。[8]显然，希腊人在此占了上风。和其他历史学家一样，希罗多德用叙事来点明论点，论点则由具体的史料来支撑。

本章回顾

1. 借助趣闻逸事安插论点。
2. 将因果包含其中。
3. 把控史料：挑选能支撑论点的人物和事件。

第六章　史学写作的叙事技巧

确认开头和结尾
- 如何缩小研究焦点？
- 在此时段中，哪些意义重大？

↓

聚焦特殊人物/人群
- 谁对选题至关重要？
- 为何这些人如此重要？

↓

讲述发生的经过
- 重要事件有哪些？
- 这些事件为何发生？
- 这些史料的角度是否准确？
- 史料信息中是否有缺漏？

↓

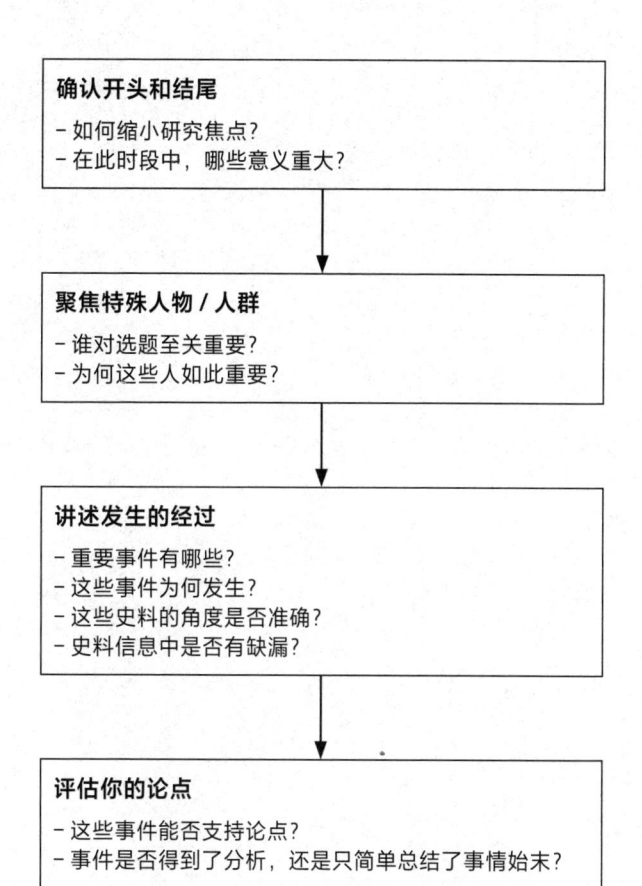

评估你的论点
- 这些事件能否支持论点？
- 事件是否得到了分析，还是只简单总结了事情始末？

第六章流程图　重现过去

第七章

历史学中的语句写法

WRITING SENTENCES IN HISTORY

和其他作者相同，历史学家的写作目标也是高效地交流观点。为了达到这一目的，史学工作者在有些传统惯例的做法上和其他作者略有不同，这会让其他学科的作者有些摸不着头脑。史学写作的惯例并非就是随心所欲的，所有的惯例都是为了帮助历史学者尽量准确地还原过去。在你写作和修订史学文章时，可以根据所需使用这些惯例。

7.1　选择准确的动词

动词是句子的核心，因为它传递了动作信息。所有作者都应选择准确的动词，避免含混不清，对史学工作者来说更是如此。

含混不清的动词是什么样的呢？对于初学者而言，使用系动词（英语中的"be"动词）就很模糊，但是现实中确实很难避免使用这类动词。句子的含义或许让你很想用"is""are"或"to be"等"be"的其他形式。然而，初学者还是会滥用系动词，使得写作黯然失色。为什么要写成"Queen Victoria was in power for sixty-four years."（维多利亚女王在位长达 64 年），明明可以写成"Queen Victoria reigned for sixty-four years."（维多利亚女王统治国家长达 64 年）。如果你发现自己爱用系动词，那就找个和该名词或者形容词短语准确对应的动词来替换它。

7.2 变被动句为主动句

史学工作者应尽量避免使用被动句。史学写作的目标之一就是揭露谁在何时做了何事。最糟糕的史学写作就是让过往噤声、给往事增加谜团，这也是被动态最容易产生的效果。被动态能把史学上的行动者全都省略了："美洲被发现了。"被谁呢？如果你不确定能写出"哥伦布发现了美洲"这样的主动句，那你就欠读者一个解释。

读多了历史著作，你会发现被动句往往说明句中的因果关系较弱。这只针对历史学科，其他学科也许并不完全是这样。一些自然科学领域的作者会使用被动态，来淡化他们在研究中的个人参与。而对研究科学史的史学工作者来说，最大的挑战恰恰是要弄通文章的意思，搞清楚科学家们是如何投身于科学研究事业的。

当然，也有一些情况很适合使用被动态，最佳状态是一页中出现一到两处被动句。比方说，你可以写成"美洲是被哥伦布发现的"。"哥伦布"是不是最好出现在句尾，取决于句子和段落想表达的意思。尽管在一些情况下，被动句是合适的，但它还是经常会打乱思维顺序。总之，被动句在写作中应被节约使用。（我之所以在这个句子中用被动态，是为了强调句尾的"节约"。）

7.3　用过去时态书写

和其他学科不同，史学工作者几乎一直在用过去时进行书写，当然，这也并不绝对。用过去时态写作可以帮助我们更清楚地按照时间顺序排列过去的人和事件。

历史学者喜欢用过去时态进行写作，但这也会引起一些混淆。这是因为文学写作的学者有一套另外的写作惯例。一篇文学评论中可能出现这样的句子："In *Black Boy*, Richard Wright speaks eloquently and forcefully against American racism and capitalism."（在《黑孩子》这本书中，理查德·赖特慷慨激昂地批判了美国种族主义和资本主义。）赖特写下这些文字时，不管是放在今天还是1937年，都是一样真切。为了实现文学写作即时性的目标，作者们通常用现在时态进行写作。

文学经典作品对今天的读者有很深的影响力，但历史学家却要把赖特的小说放回他生活和时代的语境。赖特逝世于1960年，他的话当然并非针对现在所言。美国经济大萧条时，他加入了当时蒸蒸日上的美国共产党，并写出了《黑孩子》（*Black Boy*）。显然，当时读者对赖特作品的解读和今日有所不同。如果用现在时态写作，就容易在时间顺序上混淆赖特的生活和所处的时代，而使用过去时态却能使作者梳理不同事件之间的联系。史学工作者仅在讨论最新著作或当代在世学者时，才用现在时写作。

7.4 尽量避免分裂使用动词不定式

在英语中，不定式的使用通常要用到前置词"to"，比方说"生存，还是灭亡"（to be or not to be）。莎士比亚也可以将不定式分开使用，变成"勇敢地活着，还是灭亡"（to bravely be or not to be），那就等着观众喝倒彩吧。总的来说，在"to"和实义动词中间摆放其他词汇十分不妥，这会影响句中的逻辑顺序。

即便如此，有些情况下还是可以分裂使用动词不定式的，甚至这样听起来更顺畅。就像《星际迷航》（*Star Trek*）的开头一句便是"To boldly go where no man has gone before"（勇踏前人未至之境）。如果这里的不定式没有分开写，那么听起来就是："To go boldly where no man has gone before"（至前人未至之境踏得勇敢），太不鼓舞人心了。在这个例子里，分裂使用动词不定式就比把副词放在奇怪的位置上好很多。

7.5 在句中放上动词

从理论上来说，只有包含动词的句子才能称得上句子。但是，就像前一节这句感叹句"How uninspiring"（太不鼓舞人心了），可见没有动词出现的句子也是有可能的。

当然，无动词句子也有其他用处。无动词的句子确实能给笔下添辉，但在正式写作中却没有一席之地，而这正是史学工作者最常用的写作方式。当你在史学作品中写出了无动词的句子，那就等着读者用红笔给你标错吧。

7.6 用易于理解的顺序安排观点

要学会按照读者易于理解的顺序来交代观点。说起来容易，做起来难。当你就一个史学话题研读了好几周文献，你已慢慢步入不同人物、立场和事件相互关联的复杂性之中。而当你开始动笔，又必须将这些复杂之处用笔尖传递出来，把自己的思绪赋予一连串的字符。你撰写的每句话，都要站在读者角度，规划好他们需要知道的第一、二、三点。

第七章　历史学中的语句写法

1. 将相关词汇放在一起。"炮手看到一朵云在广岛上空升起，是一朵蘑菇的形状"，你觉得这句话的表达没什么问题，因为你已经知道这些词义之间的联系了。但你的读者仅能通过你对词汇的排列来感知这些词义之间的联系，如果词序排得不合理，就更糟了。毕竟，蘑菇形状和广岛之间并没什么联系，而是和云彩有关系。如果你这么写"炮手看到一朵蘑菇云在广岛上空升起"，那么读者更容易理解。将相关词语写在一起，更便于读者畅读你的句子。如果你执意要将不关联的词汇放在一起使用，读者只好停下来，自己在杂乱中找到关联。

2. 代词紧跟所指代的名词。词如其名，代词就是为了指代某个名词，读者们得知道它指代的是哪个名词才行。你脑中对自己所用代词的指代关系一清二楚，但你的读者只能通过你排放词汇的方式来推测指代关系，而你当然也要让他们一目了然。

避免误读的最好办法就是把代词和它所指代的名词放得近一点。下面这个句子就会引起误读："本杰明·韦斯特（Benjamin West）的画作《沃尔夫将军之死》(The Death of General Wolfe)展示出了他的独创的、美国风格。"这里的"他的"指代的是韦斯特还是沃尔夫呢？"他的"离"沃尔夫"更近，读者们很有可能觉得"他的"指的是沃尔夫，除非他们熟知这幅画。如果看过这幅画的观众都知道，画中的沃尔夫身

177

穿英式戎装，看起来并不很像美国人。而作者的意思确实是，画家韦斯特而非沃尔夫有着美国风格，但这层意思却没能通过句子传达清楚。

3. **主语和谓语就近摆放**。一个句子中的核心关系就在主语和谓语之间。不要在这两者间放太多东西。看看这个句子："埃莉诺·罗斯福（Eleanor Roosevelt），在富兰克林·罗斯福（Franklin Roosevelt）任总统期间，开设了一个报业联合专栏。"想读懂这句话，就得一直在脑中记得"埃莉诺·罗斯福"这个主语，直到你找出来她做了什么。如果改写一下，读起来更方便："在富兰克林·罗斯福任总统期间，埃莉诺·罗斯福开设了一个报业联合专栏。"一般来说，主语和谓语之间可以加一下短语，比如："埃莉诺·罗斯福，作为第一夫人，开设了一个报业联合专栏"。但是别在主谓语之间加太长的东西。

7.7 基于共识开始一个句子，逐步引入新观点

构建句子并非仅仅是中规中矩地在句中安插观点。在所有写作，包括史学写作中，句子都是为了展开观点。写好一句话，读者便能从中获得引导。

句子的开始，最好是承接上文或者提及你与读者之间的共

识，然后再将观点慢慢引向你的原创观点。例如，衔接不佳的句子："李将军的马叫作旅者。那个年代，好马可不好找，但是旅者却是最佳良驹之一。"读者要从旅者，将思维跳跃到关于马的好坏的陈述，然后再跳回到旅者。而衔接较好的做法是从旅者着手，展开关于马匹的总体评述："李将军的马叫作旅者。它是那个好马难求的年代里上好的良驹。"第一句话是由李将军引向旅者，然后又由旅者转入了马匹的总体评论。这样一来，句子之间的连接十分顺滑。

7.8 将重头戏放在句尾

如果你在句子进程中不断深入自己的观点，那么你的句尾应该铿锵有力且不失趣味。强调式写作（和演讲）的大师之一便是温斯顿·丘吉尔（Winston Churchill）。在他的专著《大不列颠的诞生》(*The Birth of Britain*) 中，关于十字军东征，他是这么写的：

> 长时间以来，十字军精神一直激荡着整个西欧人的心灵。西班牙的基督教王国率先发起了对阿拉伯人的圣战。然而，在11世纪末，基督教的一个新敌人出现在东方一千五百英里的地方。塞尔柱土耳其人在小亚细亚对拜占庭帝国步步紧逼，骚扰着从欧洲经叙

利亚前往圣地的虔诚朝圣者。[1]

注意一下，例子中的每个句子是如何和上一句衔接的，每个句子又是如何朝一个新方向发展并以一个新观点结尾的。第二句话极有技巧，它先是讲述了西欧基督教徒的具体情况，进而引导读者进一步考虑了基督教徒的敌视对象，即阿拉伯人。

7.9　善用排比进行强调

写出佳句的一大技巧便是学好排比句型，这是一种将相关观点用极其相似的语法结构组合在一起的重复法。

比方说，在面对1940年10月8日纳粹轰炸英国之时，丘吉尔是这样对下议院说的："死亡和忧伤将陪伴我们的旅程；艰苦是我们的外衣；恒心与勇气是我们唯一的盾牌。我们必须联合起来，我们必须无所畏惧，我们必须坚强不屈。"[2] 第一句话中，他较为松散地围绕"我们的"进行重复，但是从第二句开始，他紧密地围绕"我们必须"开始重复。在排比句式中，作者通过并行句的语法结构，表达一系列同类型的观点。

7.10　正确表达所属关系

鉴于其他写作指南中会有相关指导，本书到目前为止并未深入语法层面的探究。在学习历史写作前，相信我们已经学好如何写出语法正确的句子了。即便如此，许多史学工作者，包括一些知名专家，都会出现一个语法错误：他们不知道如何组建所属关系。绝大多数问题都出现在以字母"s"结尾的词汇上。

1. 用添加"'s"的方式组建单数名词的所属关系。即便是单词本身以字母"s"结尾，也可以这样使用。比方说，"King Charles's soldiers"（查尔斯国王的士兵）或者"the duchess's letters"（公爵夫人的信），这些都是正确用法。

对于这条语法规则的例外极少。通常只有以"s"结尾的古代人名的情况可以只用撇号"'"，比如，"Moses' laws"（摩西律法），或者"Jesus' name"（耶稣之名）。但特别诡异的是，很多作者会喜欢用"of"来表达所属关系，就像他们会写成"the laws of Moses"（摩西律法）或者"the name of Jesus"（耶稣之名）。

2. 用"'"来表达复数名词的所属关系。表达复数名词的所属关系时，如果复数名词由 s 结尾，只需在名词词尾加一撇，比如说"the Redcoats' muskets"（英国士兵的滑膛枪）或"the Wright brothers' airplane"（莱特兄弟的飞机）。

3. 在缩略语和数字的复数形式中省略撇号。 标准用法中要使用撇号来组建复数形式，比方说"PC's were first manufactured during the 1980's"（第一代电脑生产于20世纪80年代）。现在的许多写作规范里认为这种用法早已过时，现在可以省略撇号，只写作"PCs"和"1980s"。只在有可能引起歧义的情况下，才使用撇号来体现复数形式，比如"There are two a's and two i's in assailing."（在"assailing"这个词中有两个字母"a"和两个字母"i"。）

4. 复数形式不用撇号表达。 "Columbus discovered the America's"（哥伦布发现了美洲大陆）是不正确用法。哥伦布发现了美洲大陆的正确表达应该是"Columbus discovered the Americas"（起码根据一些人的说法是这样）。

7.11 如有必要，打破程式

有时你会发现，上述惯例在某些情况下会让你大费周折，甚至会导致你写出晦涩难懂的句子。遇到这些情况，就大胆打破规则吧。优秀的史学工作者可以兼顾领会规则和文字的真谛。你的首要任务是表达清晰，且令人信服。

第七章 历史学中的语句写法

> **本章回顾**
>
> 1. 思考一下,让每个句子都言之有物。
> 2. 特别关注动词的使用。
> 3. 巧妙安排词序,使其为己所用。

第八章

精准选词

CHOOSING PRECISE WORDS

对历史学者来说，选词用词好不好能使文章有天壤之别，所以，选取词汇务必精准。选词不好造成灾难现场的案例比比皆是。其中一个便是 1840 年的《怀唐伊条约》(*Treaty of Waitangi*，又译《威坦哲条约》)，该条约错误翻译了单词"sovereignty"（中文译为"统治权"），使得英国从毛利人手中夺走了新西兰。[1] 这种故意而为的选词不精准，引发了长达 150 多年的反感情绪。

也许，你不会故意选词不精，但还是时刻牢记，要谨慎选词。养成检查论文选词的好习惯，这也就是大家所说的措辞。措辞的基本规则也许对写作新手来说有些武断，但实际并非如此。当我们读得够多时，便会发现有些词汇的搭配是共识，有些则不是。只有基于共识的措辞才能保障基于共识的理解。

第八章 精准选词

8.1 精简行文

有些史学作者觉得，给自己的句子塞满不必要的各种词汇，就能体现出他们思想的复杂。现实显然不是如此。如果你能将自己的每个词都用得精准，就足以让读者看到一幅无限接近你脑中所想的图片。如果能写成"William the Conqueror established the Norman regime"（征服者威廉建立了诺曼王朝），为什么还要写成"It is an undeniable fact that William the Conqueror was instrumental in establishing the Norman regime"（征服者威廉在建立诺曼王朝中功不可没，这是不争的事实）。能用 7 个单词说完的事情，为什么要用 16 个呢？精简行文并非要求我们把每个句子都写得短小精悍，掷地有声，而是说，我们不能挑战读者的耐心。

8.2 要用读者易懂的语言写作

大多数历史学者写作时，都会采用易于理解的、读者能读懂的语言。"能读懂"这个写作标准虽然主观性较强，但这确实是历史学科在写作上与其他一些有行业术语的学科的不同之处。有时，一些其他学科的行业术语会渗透在历史写作中。比方说，"hegemony"这个英语单词在词典中定义为"统治"，但是对于专业的历史学者来说，这个词常常与意大利的社会主义者安东尼奥·葛兰西（Antonio Gramsci）的"霸权理论"联系在一起。也许你的目标读者确实能精准把握到这个词的"霸权理论"内涵，但是对于普罗大众，这个词可能是一个会在理解上引起歧义的术语。

1. **文学术语**。历史是文学的一种形式，历史学家也会从文学评论家那里汲取大量营养。大多数文学研究者都热爱英语这门语言，其中不乏一些过分热衷的人会因此写出晦涩难懂的东西。例如，那些显得与众不同的人就变成了"主体化的他者"。那些热衷于读历史读物的人则是在"推崇主体的叙事化"。的确，用任意大写个别英语词汇来表示强调显得很有趣，给名字加上动词后缀来创造新动词也很方便，但是如果你的写作目标对象不是少数几个文学评论家，那么一定要用你的读者能看懂的语言。

2. **社会科学术语**。历史学同样也是一门社会科学，历史学在很多情况下都和人类学、经济学、政治学、社会学存在交叉。一些社科学者很擅长写作，但是比起日常用词，他们更倾向于使用行业术语。这种行业语言把"说话"叫作"人际交流"，把"用另一种方式看待事物"说成"将事物放在另一坐标轴进行差异化区分"。上述这种语言，若是用来和社会学家交流非常合适，但是，说实话，如果整本书都是这样的语

第八章　精准选词

言，你还会想去主动读它吗？社会科学的术语会限制你的读者数量。

　　3. **法律术语**。许多历史学者会研学法律，有些甚至会从事法律工作。然而，法律写作和历史写作之间还是存在重大区别的。因为，律师在撰写法律文件时面对的是另一受众，即法庭。他们进行长篇大论的写作，以确保自己的委托人不会陷入法律纠纷。为了避免纠纷，律师们常用古体英语词、重复法和正式语，例如"上述""合同的甲方"或"达成一致"。这样的写作语言并不适宜历史写作，只能服务于法律目的和律师。除非涉事甲方历史学者和乙方历史作品读者，就上述问题达成一致。否则，在历史写作中千万不要使用法律行业术语。

　　4. **政府术语**。"公文术语"文如其名，就像是"法律术语"的近亲。它们的共同目的就是：掩护作者的后方。律师使用行业术语可以说是为了保护后方的委托人，而公务员、官员和政客这么说话则完全是出于保护自己的目的。他们这么做，要么是为了凸显自身的重要，要么是试图巧妙逃避责任。乔治·奥威尔（George Orwell）在自己很出名的文章《政治与英语》(*Politics and the English Language*) 中翻译过圣经中的一段：

我又转念，见日光之下，快跑的未必能赢；力战
的未必得胜；智慧的未必得粮食；明哲的未必得资
财；灵巧的未必得喜悦。所临到众人的，是在乎当时
的机会。

他将这段话翻译成了晦涩且浮夸的政府用语：

对当代现象的客观思考必定会得出这一结论：在
竞争性活动中的成功或失败表明其与内在能力并没有
趋于一致性的倾向，而不可预测的因素占据了相当的
比重，必须总是考虑在内。[2]

奥威尔的观点很明确：术语写作者总喜欢将具体的案例和
流畅的韵脚变为抽象的语言和空洞的词汇。所以，我们要用受
众能读懂的准确的语言进行写作。

8.3 避免在写作中装腔作势

不要觉得使用复杂的词汇会让你显得很高大上。这只会让
读者感到困惑。比方说，你觉得在苏联工程上，中央计划起到
了一种"削足适履"的作用，而你的读者不懂这个词指的是对
特殊情况也采取"一刀切"的意思，那你和读者就无法达成共

识。就算他们知道这个词的含义，该词也会显得和你论证的整体风格截然不同。在写作中，遏制自己使用这种浮夸词汇。

8.4 避免口语化表达

大多数历史学导师会要求你用正式英语进行写作。这就意味着写作中要避免俚语、缩略语和过于随意的口吻。这些非正式用语，也称作口语化表达，可能会出现在引文中，也可以用于正式的学术写作之外的场合。博客的作者甚至发展出了一种特殊的、不符合语法的表达强调的方式："妇女获得了投票权。因为女权。但工作还没完成。还差得远呢。"这在互联网的某些角落是可以接受的，但在历史写作中就不行了。尽管如此，正式的写作并不一定就是呆板的写作。比如，相较大多数史学著作来说，本书在写作表达方面就不怎么正式。不管怎么说，大多数历史学者还是会认为口语化表达不太给力。

8.5 对政治措辞保持敏感

史学作品始终都是对其所处时代政治的一种反映。今天的历史学者通过避免使用包容性低的语言，来证明自己在避免歧视方面有所觉悟。保守派抱怨自由主义者给大家的"语言工程学"强行加上"政治正确"的形式。而一些自由派人士则认为，保守主义者在清除语言中的冒犯性用词上做得还远远不够。这场争论永无止歇，我们可以达成一致的是：作者需要直面读者需求。史学作者必须睁大眼睛、竖起耳朵，了解受众认为什么是合适的表达。一些涉及种族称呼的表述随着时间变动颇大：从"Negro"（黑鬼，歧视性说法）到"colored"（有色人种），再到"black"（黑人），然后又从"black"（黑人）变成"African American"（非洲裔美国人）。大多数历史学者承认，包括语言惯例在内的惯例都由人发明，也承认人们给自己的族群起名字这件事天经地义。

8.6 对性别措辞保持敏感

奥斯卡·王尔德（Oscar Wilde）说过："任何人都能创造历史，而只有伟人能书写历史。"[1]这句话是他在19世纪90年代说的，主要是想呼吁人们区分历史人物和历史书写者之间的差别。今天的历史学者再读这句话时，即便知道作为时代产物，王尔德这么说情有可原，但仍可看出其潜在的性别歧视。

近些年来，历史学者对于性别议题越发敏感。这不仅能从大家的学术兴趣上反映出来，也能从史学写作的措辞上反映出来。很多年前，我们还能说："历史学家必须分析史料。他必

---

[1] 句中的"伟人"原文为"great man"，直译为"伟大的男人"，英语中的"man"可指不论性别的"人"，中文翻译无法体现。——译者注

须读懂相关文献。"代词中的男"他"（he）可以用于泛指前文中的性别不明者，这是使用惯例。而今天，学界已涌现出大量的女性历史学家，再用男"他"代指前文的"历史学者"就与现实情况不符。这种表达在现今看来似乎就不够清晰，也不够尊重。

为了避免类似的性别歧视，在写文章时，也只好把王尔德的第二句话改写为："他 / 她必须读懂相关文献"，甚至还可能写成"s/he"（她或他）。再加上个"http://"，都能创造一个新网址了。想放弃使用这些支离破碎的代词，还不如想想最简单的办法。首先，可以使用中性代词，比方说"所有人"（everyone）、"任何人"（anybody）和"每个人"（everybody）。如果还不奏效，那就把王尔德的句子从单数变为复数："历史学家们都要分析史料，历史学家们都得读懂相关文献。"将特殊性别的单数形式改为中性性别的复数形式，既可以保证句意不变，又可以规避性别歧视的意味。

或许你还想用中性的第三人称单数代词"一个人"（one），来代替带有性别歧视的"他"。"当一个人是历史学者，这个人就必须分析史料。"这种写法有时也可以，但是大多数情况下听起来很夸张。

8.7 避免过度隐晦

有时候，言语上的政治正确十分有益，但有时又会显得闪烁其词。就算语言学上能允许这些奇葩的修辞手法，现实中也没有人真的把笨人叫作"智商上受挑战的人"。过度隐晦就是指用一种委婉、礼貌却无意义的词汇掩盖一个难堪的事实。20世纪似乎盛产这类词汇：烧毁的村庄是"平定的"，二手车叫作"前时持有过的车辆"。还是饶了读者吧！

8.8 措辞中慎用人物对比

当历史学者将不熟悉的历史人物介绍给读者时，借助读者已知的人或事提供一个参考对比会事半功倍。这种对比通常是某种形式的隐喻和明喻。"西蒙·玻利瓦尔（Simón Bolívar）参与推翻了西班牙在美洲的统治"，如果这样写完全没问题。如果写成"西蒙·玻利瓦尔在推翻西班牙统治美洲的过程中发挥了关键作用"，这听起来更具感染力。如果再进一步，写成"西蒙·玻利瓦尔就是西属美洲的乔治·华盛顿"，那就更加精彩了，但这也得有后续关于两位领导者的对比作为这则比喻的支撑。隐喻和明喻都能给史学写作增光添彩，但问题是要想用好它们，需要下点儿功夫。

8.9 智用隐喻和明喻

比喻手法的使用也有很多种出岔子的可能。如果你写成"西蒙·玻利瓦尔就是西属美洲的约翰·奇伦布韦（John Chilembwe）"，这个比喻就有一堆问题。一种可能是，这句话出现在一篇关于委内瑞拉历史的论文中，而读这篇论文的读者根本没听说过约翰·奇伦布韦这个人。不知道这位历史人物的话有点可惜，他曾于1915年领导尼亚萨兰（Nyasaland）发动了反对英国殖民统治的武装起义。即便如此，这个比喻还有其他问题。奇伦布韦的武装起义失败了，而玻利瓦尔的反抗成功了。而且，奇伦布韦的武装起义比玻利瓦尔的晚了整整100年，时间错乱也让这则比喻十分别扭。使用生动形象的比喻，这个想法很好，但是要让读者能顺利听懂才行。

8.10 既要妙笔生花，也要免入俗套

读者很希望读到丰富多彩的语言，但如果你绘声绘色，却完全是老调重弹，他们也会觉得无聊。过度花言巧语不免落入俗套，还不如用平实的语言或还没僵化的比喻。

用下面这个简单的测试来看看什么叫老生常谈。如果你还没写出括号里的词，读者就能自己脑补上，那就说明这个说法过于老套了：

- "伊丽莎白女王不 _____ 受愚弄。（甘心）"
- "阿尔伯特·爱因斯坦（Albert Einstein）挑 _____ 夜战。（灯）"
- "鼠疫已有抬 _____ 之势。（头）"

8.11　使用读者熟悉的外来词

　　历史学者在写作中经常会用到外语词汇。有些外语词汇已经融入英语用法，比方说"Nehru was a politician *par excellence*"（尼赫鲁是一位**杰出的**政治家），或者"The U.S. Constitution prohibits the *ex post facto* application of laws"（美国宪法禁止**追溯既往**的法律）。即便如此，在你写到外国历史时，还是会偶尔为如何使用外语术语而发愁。

　　最基本的法则是要选用读者听得懂的表达方式。想象一下自己在写一篇历史论文，是关于南非的重要族群之一的科萨族群（amaXhosa）。如果你是在一门关于南非历史的研讨课上，要写论文给你的导师看，而导师本身已是该领域的专家学者，那你将族群名称写成"amaXhosa"没什么问题。因为研究南非史的专家都知道，在科萨人的语言中，可以在族群名称"Xhosa"（科萨）前加前缀"ama"以表达该集体族群的复数形式。

　　但是，如果你的论文作为世界史的研究，写给更广泛的读者，那你肯定懒得教会读者南非语言中前缀的复杂用法。在这种情况下，你还不如直接把研究对象叫作"the Xhosa"（科萨人），英语的复数形式也不用强加在外语词汇上，用这个折中的办法可以告知读者你对此是有过思考的。然而，如果你的读者变得更加广泛了，比如你要为美国报纸写一篇新闻稿件，那不如干脆跳过复杂的语言学规则，直接写成"the Xhosas"（科萨人们）。总而言之，重要的是摸清读者的接受程度，以他们理解的方式写作。

8.12　查看常见的措辞错误

我们很容易就会用错词汇和表达，一部分原因是这些词汇或表达经常被人们用错。文字处理软件可以对任何给定的词汇进行查找定位。如果你担心自己用错了下列这些词汇，可以在电脑上查找一下试试。

如果你在某个具体用法上仍需帮助，可以询问负责工具书的图书馆管理员，让其协助你找到《新福勒现代英语用法》（*The New Fowler's Modern English Usage*），由 R. W. 伯奇菲尔德（R. W. Burchfield）编纂。这本书不仅是 H. W. 福勒（H. W. Fowler）所著英语用法经典著作的更新版本，也是判断是否为史学写作中常见错误的依据。该书的迷你口袋版可以在牛津线上参考中找到，网址为：https://www.oxfordreference.com。通过这个网址还可以找到很多关于词汇使用的其他优质资源，比如布莱恩·加纳（Bryan Garner）的《牛津美式英语用法与风格词典》（*The Oxford Dictionary of American Usage and Style*）。

AD 和 **BC** 分别表示公元（拉丁语 *Anno domini* 的简称，意为"在主的年份"）和公元前（英语 Before Christ 的简称，意为"基督之前"），这两个缩略语已经不怎么用了，取而代之的是 CE（Common Era 的缩写）和 BCE（Before the Common Era 的缩写），分别表示公历纪元和公历纪元前。由于在世界史的研究中，各种宗教的纪念方式千差万别，这种新的纪年法确实有所裨益。

all right（尚可、正确的）是正式写作中的写法，但很多人会将这个词拼成"alright"。大多数专家还是觉得"alright"这个写法过于随意。也许猫王可以在流行歌中唱"That's alright, Mama"（那没什么，妈妈），但是正式论文中却不能这么写。

and/or（和/或）常常出现在写作不确定的东西时，可能是因为它本身听起来比较含糊。"and/or"这个写法也不是不对，只是不够文雅，也就是说，这两者既可以合并在一起也可以分开，本质上来说这也很诡异。正如伯奇菲尔德所言，如果想避免出现"and/or"，可以用"X or Y or both"（甲或乙或两者），或者直接写"or"（或）来替代。

ante-（之前）和 **anti-**（反对）是学生们经常搞混的两个源于拉丁语的前缀。"ante"的意思是"之前",而"anti"的意思是"反对"。比如,"antebellum America"指的是内战前的美国,而"antiwar protestors"（反战抗议者）是不支持打仗。

because（因为）这个词是史学写作中的常客,因为历史学者探索的一般正是事情的起因。"哈里特·比彻·斯托（Harriet Beecher Stowe）写了《汤姆叔叔的小屋》(*Uncle Tom's Cabin*),因为她对奴隶制忧心忡忡。"小学英语老师会告诉学生不要以"because"打头来造句,通常情况下他们说的没错。"because"引导的句子,必须伴随着另一个句子。如果我们把上面关于哈里特·比彻·斯托的那句话前后颠倒一下,用"because"开头,读者会很难读懂这句话的意思。读者得先知道事情结果,再知道事情起因。当然了,历史学者还是会在合情合理的情况下对这条规则有些许突破。

cannot（不行）在通常情况下都是写成一个单词,而不是"can not"。另外,"can't"对于学术写作来说,过于口语化了。

different（不同的）是一个引发争议的单词。比较较真的人会说,"different"后面只能跟"from"（从;来自）,不能跟"than"（比）和"to"（对于）。《牛津英语词典》的编辑们却不这么想，他们指出"different to"的用法可以追溯到1526年，"different than"的用法最早在1644年就有出现。难道这么久以来，大家都用错了不成？"different from"适用于大多数情况，特别是对于正式写作来说。其实，"different"也有用不上的时候："During the Second Triumvirate, Rome had three different leaders（在"后三头"执政期间，罗马有三位不同的领导人）"。这句话中，去掉"different"，句意丝毫不变。

双重否定在史学写作中并非不常见，但是用得很少。两次否定意味着肯定。"Napoleon was not undefeated at Waterloo"（拿破仑在滑铁卢并不是不可战胜）。用这种方式表达"Napoleon was defeated at Waterloo"（拿破仑在滑铁卢兵败），无疑是画蛇添足。大多数时候，双重否定句还是要改成肯定句较为合适。但你如果想为句子增加点讽刺意味，也可以用到双重否定，比如本段的第一句话。

due to（由于）最好别用。也许你觉得这个复合介词没啥可怕的，但长期以来历史学教授们都会告诫学生不要滥用这个词。斯特伦克（Strunk）和怀特（White）[1]认为，"due to"仅用于表达"attributable to"（归因于），就比如"Custer's defeat

---

[1] 康奈尔大学英语教授斯特伦克所著《风格的要素》，或译《简洁的原理》，后经E. B. 怀特修正再版，是广受欢迎的英语写作指导读物。——译者注

was due to poor intelligence"（卡斯特的失败归因于智力不足）。[3] 其实，不管是"due to"的正确用法还是错误用法，其表达都很模糊。卡斯特的失败为什么是由于智力不足？即便是正确用法之下，我们也无从得知。所以，最好还是别用"due to"了。

it's（它是；这是）和 **its**（它的）很容易弄混，但其实是完全不同的两回事。"it's"是"it is"的缩略写法，"It's not too late to learn how to write history"（学习史学写作为时不晚）。而"its"是"it"的物主代词形式："When Castro lit a Montecristo, its pungent smoke filled the air"（当卡斯特罗点燃一支蒙特克里斯托牌雪茄时，空气中弥漫着刺鼻的烟雾）。如果你还分不清"it's"和"its"，那就只能通过骗读者这是打印错误来挽回尊严了。顺便提一下，英语中不存在"its'"这种形式。

led to（导致）：也许"The First World War led to the Second World War"（"一战"导致了"二战"）这个说法没什么问题。要注意别把因果发生的时间搞错了。确实，1939年在1914年后面，但是读者期待作者解释一下，为何"一战"对"二战"的发生有推波助澜的作用。总的来说，"led to"的表达比较模糊不清。

lifestyle（生活风格）是一个不够准确的词，在史学写作中不该出现。一位同学在史学论文中写道:"The lifestyle of the African-American slaves cannot be compared with the lifestyle of the concentration camp inmates"(美国黑奴的生活风格还不如集中营里的囚徒)。其实,想要表达此意,还不如用他们的生活方式、文化或经历等词。

native(原产地的、本地的、土著的)是一个在史学写作中争议很大的词。我们可以振振有词地谈论大溪地本地人(native Tahitians),也可以用它形容法国本地人。但是不能将大溪地人称为"the natives"(原住民),就像我们不会把法国人叫作"the natives"(原住民),除非是在开玩笑。"the natives"(原住民)是欧洲人曾经用来专指在他们看来未开化的世界上其他地区的人。现今而言,用这种带有贬义的词汇进行写作是不妥的。当然了,每个规则都有例外:在美国生活的美洲印第安人现在很喜欢被称为是"native Americans"(美洲原住民)。

novel(长篇小说)有时会被学生们用来指代篇幅较长的作品,甚至是史学著作。这当然是错误使用。从它的定义来看,"novel"指的是虚构的作品。长篇小说肯定不能和历史画等号。

regard(认为、看待),很多人总是把它和复合型介词短语"with regards to"和"in regards to"搞混。这种错误的始作俑者是公务员，但史学写作中也会错用"regard"。在表达"有关"和"关于、对于"时，它有两种正确的使用方式，如果是在复合型介词短语里，用其单数形式"regard"，就比如"with regard to"和"in regard to"。如果是作为动词使用，要使用固定搭配"as it regards"（关于）或者"as they regard"（关于）。

that 和 **which** 是包括历史学人在内的很多写作人的迷惑之处。以下两个句子，你会用哪个来连接从句呢？

1. "Despite the tense atmosphere *that/which* prevailed during the trial, Mandela spoke his mind to the court."（尽管审判期间气氛紧张，曼德拉还是向法庭说出了自己的想法。）

2. "In 1846, the Corn Laws, *that/which* had protected English farmers from foreign competition, were repealed."（1846年，保护英国农民免受外国竞争的谷物法被废除。）

福勒和伯奇菲尔德都曾试图将"that"和"which"的使用规范化。[4]他们推荐作者在写作限定性从句时使用"that"，在非限定性从句中使用"which"。这些语法术语到底是什么意思呢？

第一个例句是限定性从句。换句话说，从句中的"prevailed during the trial"（弥漫在审判期间）这一信息对于"despite the tense atmosphere"（尽管紧张的气氛）来说不可或缺。福勒和伯奇菲尔德认为，第一个例句以及所有限定性从句，都应使用that引导。

第二个例句则不同，因为它含有非限定性从句"had protected English farmers from foreign competition"（保护英国农民免受外国竞争之害），这是一句放在任何句子中都可通用的补充说明。如果想用这个从句，就要用"which"来引导。福勒和伯奇菲尔德推荐在所有非限定性从句中使用"which"引导。

如果你根据福勒和伯奇菲尔德的规则来写作，可以轻松区分两者，他们的规则清晰明了。然而，即便是他俩也不得不承认，他们也在就"that"和"which"的正确用法打一场硬仗。如果你读到其他史学作者，对比这条规则，你会发现他们的使用仍旧混乱。更可怕的是，英国的作者还越来越喜欢交替使用"that"和"which"。

tribe（部落、部族）和前文"native"（本地的、土著的）的规则一样。很久之前，人类学家将"tribe"一词定义为，不管是真实存在还是想象中可以追溯为同一人为祖先的一群人。遗憾的是，很多史学工作者和记者对这个词的使用有些冒失，不够严谨，用其指代任意一种棕色皮肤人群。我们可以说在卢旺达（Rwanda）的"tribal conflict"（部落冲突），而不会说在波斯尼亚（Bosnia）的"tribal conflict"（部落冲突）。这种对于"tribe"一词的用法来源于欧洲管理者对前殖民地人民进行分类和管理的做法。讽刺的是，现在有许多非洲人和美洲原住民采用了这一说法，并称自己为"tribes"（部落）。

本章回顾

1. 谨慎措辞。
2. 保证拼写正确。
3. 避免使用俚语和简称。
4. 直截了当地表达观点。

第九章

修订与编辑

REVISING AND EDITING

这本指南并非史学工作者的食谱。书中没有提供史学写作的定制秘方，即便你遵循书里列出的写作惯例，也不能保证你的写作就完美无缺。完美无缺的历史本就不存在，历史学人的独家秘方也不存在。

历史学人都能理解史学写作的惯例，但每个人又都有自己书写历史的方法。采用何种写作方法，一部分取决于个人风格，一部分取决于具体的写作对象。当你写的东西越来越多时，你自然而然会找到自己的风格和兴趣所在。当你学习这些东西的时候，也会得知自己的强项和弱项。你应该听说过镌刻于德尔斐（Delphi）神殿上的古希腊名言："认识你自己"（Know thyself）。作为一名作者，应知道自己的薄弱之处，并小心防范。

第九章　修订与编辑

9.1　对草稿保持判断力

挑剔的读者会评估你论文的优点和缺点。有时接受批评很难，但请记住，最好的批评者会花大量时间思考你的作品，这本身就是一种肯定。即使你认为批评者的建议不合理，他的批评也有积极的一面，至少让你更加坚信自己的观点。

与你的论文草稿保持一定距离，这一点很重要。你的作品是为读者而写，所以你要像陌生人读稿子一样，审阅自己的文字。花几天的时间找点别的事情做，在你和草稿之间拉开一定的距离，将有助于你的修订。

当史学工作者埋头创作时，他们通常会在转回头客观评估自己文本之前稍事休息。如果你有导师或者朋友愿意先读第一稿并给出评论，那就太棒了。无论如何，尽全力写好初稿，并严肃对待他人的指正。最终，你是要将你的文字拿给读者看，这位读者既不熟悉你的史料，也意识不到史料特有的问题。所以，可以用草稿的早期评论衡量一下，你的论证对于读者来说到底有没有说服力。

9.2　与同等能力者合作编辑

找一位同班同学，和其交换草稿。两人互读对方论文草稿并根据下列事项给出一两句话的精心点评。

1. 这篇论文在语法、风格和拼写方面给你的印象是否良好？就这些总体问题给出建议即可，细节校对是作者自己的事情。

2. 这篇论文解决了哪个史学冲突？

3. 该史学冲突的重要性体现在哪里？

4. 就作者如何处理史学冲突给出一个改进建议。

5. 用自己的话总结作者的中心论点。

6. 就作者的论点提出一个改进方法。

7. 描述两则最能支撑论点的史料，说明为什么它们是论点的最佳证据。

8. 描述两条你最喜欢的推论。

9. 就作者如何改进史料的运用给出至少两条建议。

10. 找出两到三处可供改进的段落衔接句，并给出改进建议。

11. 描述结论，并提出建议，如何才能使结论更强而有力。

9.3 修订初稿

现在你对自己的作品已经有了一定的判断，是时候开始修订了。首先来回应他人给你的批评，这些批评也许既有文字风格方面的，也有涉及文章实质内容的。将修改意见融合到新写的一稿中。转移注意力一段时间后，再次回到论文，进行评估，看看自己有没有彻底回应批评者的评论？

不论他人的批评多么到位，也没有人能事无巨细地告诉你，怎么把草稿变为获奖佳作。你自己才是文稿修订的第一责任人。修订的一条基本策略是先从大的方面，对论点和叙事进行修改，再着手小处的问题，对句子和措辞进行调整。最后，才是校对拼写、语法、标点和格式。

9.4 评估自己的论点和叙事

本书的前一章已勾勒出史学写作论证需要的几大要素。通篇认真核对以下几件事：史料证件是否能支撑推论？所有的推论是否都正当合理？论点的展开是否通顺连贯？读者是否会觉得论点既有意思又有意义？

第六章中我们讲过了史学叙事的几大要素。检查下你的文字，确保读者是按照正确顺序来接收信息的。历史人物的介绍是否恰当？读者能否按顺序来理解事件的时间结果？是否存在对主要故事无益的庞杂信息？作为叙事者，你是否有连贯同一的叙事基调？

9.5 评估句子与选词

本书已对如何撰写句子和如何措辞有过阐述。在你进行修订时，要跳出作者这一身份，站在读者的角度来审视句子。你的动词够不够有力？意群的顺序是否正确？句子是否先从共识出发，再展开新观点？

像读者一样，看看自己的选词和措辞。有没有用读者看得懂的精准语言进行写作？写作的语言会不会让读者无法专心于论点？不管是叙事型论文，还是分析型论文都要最后检查这重要一项：论文的每一部分是否都在支撑主要论点？如果某一部分不是这样，那这部分需要优化后融入全文，或者直接删掉。

9.6 校对终稿

在历史写作中，校对工作尤其重要。即便你的作品中只有零星错误，也能让一部佳作因此沦为笑柄。

校对工作考验着我们的时间和耐心。也许走到校对阶段时，你已经多次修正过文稿了，已经看得迷糊了。对自己严格一点，将文章打印出来，因为比起屏幕，纸质版更容易暴露错误。强迫自己逐字逐行阅读。如果这个过程太无聊，就稍事休息，回头再做。你甚至可以打乱页码来读，这样能更好地聚焦在文字校对上，而非论证和叙事。校对工作枯燥无味，却不得不做。

1. **标点符号的校对工作**。标点符号在句义表达上扮演着

第九章 修订与编辑

重要角色。一则逸事便可说明：在英国上议院的一场激烈辩论中，一位议员辱骂了另一位议员。被侮辱的议员要求道歉，骂人的议员回答说："我称尊贵的大人是个骗子是真的我为所言而道歉。尊贵的大人您可以随意加标点。"[1]

标点使用不规范能引发很多问题，比我们想象的更普遍。这些错误不仅学生在犯，连已出版的史学著作中也有。如果你对标点符号还搞不清，可以参考杜拉宾文体（Turabian）和《芝加哥手册》，寻求指导。当然有很多其他写作手册，对标点符号也有指导意见。

2. 校对拼写。拼写错误可以说是所有错误里最尴尬的了。（不是吗？）所有人都应该用文字处理软件的检查拼写功能来检查一下。谨记，它并不能找出所有拼写错误，特别是那些同形同音的异义词。用拼写检查功能跑完一遍全文后，还要自己再打印出来，重新校对一遍才行。

3. 检查格式。确保论文通篇使用的是同一种文字处理格式。统一格式至关重要，因为格式的错乱会让读者分散注意力。读者更喜欢简单的格式。通常情况下，史学教授喜欢使用 Times 字体的 12 号字，页边距为 2.54 厘米和双倍行间距。还要确保每页都有页码，作者名字和论文标题都在第一页上。（有些教授可能会要求有一个扉页。这是一种传统，但在我看来是浪费纸张。）当你检查格式时，一定要打印出来，并检查那些你写作时不一定会出现在屏幕上的细节，比如脚注、页边距和页码。

4. **大声读出论文**。大声朗读是查找创作问题最为古老的手段，也将是你正式提交论文前的最后一步。在大声读出来的过程中，你不由自主就会回顾每个词汇。其他人肯定觉得你很诡异，但读者会对最终结果给予肯定：一篇佳作。

9.7 谨记规则，享受写作

历史写作本就是件难事，但大多数历史学家却甘之如饴。做研究和写文章都是有苦有乐，最终的结果则是会当凌绝顶，一览众山小。

本章回顾

1. 稍作休整,以便判断。

2. 拟一个意义非凡的标题。

3. 请他人阅读并提出建议和意见。

4. 修订,修订,再次修订——从论点到拼写和标点的每处细节。

5. 检查,再次检查。

6. 保留好全部笔记和草稿。

7. 制作副本并妥善留存。

评估草稿
- 史料证据是否有效？
- 推论是否有理有据？
- 参考书目是否精准完整？
- 论点的展开是否连贯且符合逻辑？
- 术语是否界定清晰？

↓

校对文稿
- 语句的顺序、措辞是否合理清楚？
- 选词是否精准？
- 标点、语法和拼写是否准确无误？
- 排版、字体、字号是否合适？

↓

检查引用
- 参考书目是否已为最新版本？
- 脚注和尾注是否完整、精准？

第九章流程图　撰写终稿

注释

导言

1. Peter Novick, *That Noble Dream: The "Objectivity Question" and the American Historical Profession* (Cambridge, UK. Cambridge University Press, 1988), 7.
2. Thucydides, *The Peloponnesian War*, trans. Rex Warner (New York: Penguin Books, 1954; repr. 1984), 145.
3. J. R. McNeill, *Something New under the Sun: An Environmental History of the Twentieth-Century World* (New York: Norton, 2000).
4. Alfred W. Crosby, *The Columbian Exchange: Biological and Cultural Consequences of 1492* (Westport, CT: Greenwood Press, 1972).

第一章

1. Bruce Mazlish, "The Art of Reviewing," *Perspectives* 39, no. 2 (February 2001). American Historical Association, http://www.historians.orgperspectives/issues/2001/0102/. Accessed March 1, 2011.

第二章

1. For an introduction to the role of the scientific method in the professionalization of history during the nineteenth century, see Joyce Appleby, Lynn Hunt, and Margaret Jacob, *Telling the Truth about History* (New York: W. W. Norton & Co., 1994).
2. For a broader discussion of these research questions, see Richard Marius, *A Short Guide to Writing about History*, 2nd ed. (New York: HarperCollins, 1995), 33-43.
3. Michel-Rolph Trouillot, *Silencing the Past: Power and the Production of History* (Boston: Beacon Press, 1995), 49-53.
4. Loren R. Graham, *The Ghost of the Executed Engineer: Technology and the Fall of the Soviet Union* (Cambridge, MA: Harvard University Press, 1993).
5. Jorge Luis Borges, *Ficciones*, trans. Emece Editores (New York: Grove Press, 1962), 112.

第三章

1. Cicero, *Pro Publio Sestio*, 2.62. As quoted by John Bartlett and Justin Kaplan, eds., *Bartlett's Familiar Quotations*, 16th ed. (Boston: Little Brown, 1992), 87.
2. These suggestions are taken from Gordon Harvey, *Writing with Sources* (Cambridge, MA: Harvard University, 1995), 27-29.
3. Joyce Lee Malcolm, *To Keep and Bear Arms*: *The Origins of an Anglo-American Right* (Cambridge, MA: Harvard University Press, 1994), 143.
4. Jack P. Greene, *Pursuits of Happiness: The Social Development of Early Modern British Colonies and the Formation of American Culture* (Chapel Hill: University of North Carolina Press, 1988), 61.
5. E. P. Thompson, *The Making of the English Working Class* (New York: Vintage Books, 1963; pbk. ed. 1966), 193-94.
6. Walter MacDougall, *The Heavens and the Earth: A Political History of the Space Age* (New York: Basic Books, 1985), 8.
7. MacDougall, *Heavens and Earth*, 8.
8. Harvey, *Writing with Sources*, 21-23.
9. Thomas C. Holt, *The Problem of Freedom: Race, Labor, and Politics Jamaica, 1832-1938* (Baltimore: Johns Hopkins University Press 1992), 83.
10. Harvey, *Writing with Sources*, 13-16.

注 释

第四章

1. Walt Whitman, "The Real War Will Never Get in the Books," in *Specimen Days* (New York: Signet Classic, 1961), 112.
2. Deborah E. Lipstadt, *Denying the Holocaust* (New York: Penguin, 1993).
3. Philip D. Curtin, *The Atlantic Slave Trade. A Census* (Madison: University of Wisconsin Press, 1969).
4. Emory Center for Digital Scholarship, Slave Voyages, https://www.slavevoyages.org/assessment/estimates Accessed Oct. 8, 2019.
5. Prasenjit Duara, *Culture, Power, and the State. Rural North China, 1900-1942* (Stanford, CA: Stanford University Press, 1988). Philip C.C. Huang, *The Peasant Economy and Social Change in North China* (Stanford, CA: Stanford University Press, 1985). Ramon Myers, *The Chinese Peasant Economy: Agricultural Development in Hopei and Shantung*, 1840-1940 (Cambridge, MA: Harvard University Press, 1970).
6. Gerald L. Geison, *The Private Science of Louis Pasteur* (Princeton, NJ: Princeton University Press, 1995), 149-56.
7. James Fairhead and Melissa Leach, *Misreading the African Landscape: Society and Ecology in a Forest-Savanna Mosaic* (Cambridge, UK Cambridge University Press, 1996).
8. Jan Vansina, *Living with Africa* (Madison: University of Wiscons Press, 1994), 16-17.
9. Smithsonian Institution, Smithsonian Folklife and Oral History Interviewing Guide. https://folklife.si.edu/the-smithsonian-folklife-and-oralhistory-interviewing-guide/smithsonian Accessed Oct. 8, 2019.
10. Pete Daniel, *Standing at the Crossroads: Southern Life in the Twentieth Century* (Baltimore: Johns Hopkins University Press, 1986, 2nd ed. 1996), 21-22.
11. James C. Cobb, *The Most Southern Place on Earth: The Mississippi Delta and the Roots of Regional Identity* (New York: Oxford University Press, 1992), 290.
12. Margaret Washington Creel, "Gullah Attitudes Toward Life and Death," and Robert Farris Thompson, "Kongo Influences on African American Artistic Culture," in *Africanisms in American Culture*, ed. Joseph E. Holloway (Bloomington: Indiana University Press, 1990), 81-82, 154.
13. John Janzen and Wyatt MacGaffey, *An Anthology of Kongo Religion: Primary Texts from Lower Zaire* (Lawrence: University of Kansas, 1974), 73-75.

14. Jules David Prown, "Mind in Matter: An Introduction to Material Culture Theory and Method," in *Material Life in America, 1600-1860*, ed. Robert Blair St. George (Boston: Northeastern University Press, 1991), 17-35. Thanks to Elizabeth Abrams for suggesting this article.
15. Neil Maher, "Gallery: Neil Maher on Shooting the Moon," *Environmental History* 9 (July 2004): 526–31. Quotations from 528–29.
16. Charles S. Maier, *The Unmasterable Past: History, Holocaust, and German National Identity* (Cambridge, MA: Harvard University Press, 1988), 1.
17. Georges Lefebvre, *The Coming of the French Revolution*, trans. R. R. Palmer (Princeton, NJ: Princeton University Press, 1947; rev. ed. 1989).
18. Betty Jo Teeter Dobbs, *The Janus Face of Genius: The Role of Alchemy in Newton's Thought* (Cambridge, UK: Cambridge University Press, 1991).

第五章

1. Samuel Eliot Morison, "History as a Literary Art: An Appeal to Young Historians," *Old South Leaflets* ser. 2, no. 1 (Boston: Old South Association, 1946): 7.
2. Caroline Walker Bynum, *Holy Feast and Holy Fast: The Religious Significance of Food to Medieval Women* (Berkeley and Los Angeles. University of California Press, 1987), 1.
3. Samuel K. Cohn, Jr., "The Black Death: End of a Paradigm," *American Historical Review* 107, no. 3 (June 2002): 703. Cohn's citations have not been included in this quotation.
4. Paul Josephson, "The Ocean's Hot Dog: The Development of the Fish Stick," *Technology and Culture* 49, no. 1 (January 2008): 41.
5. W. Jeffrey Bolster, "Putting the Ocean in Atlantic History Maritime Communities and Marine Ecology in the Northwest Atlantic, 1500-1800," *American Historical Review* 113, no. 1 (February 2008): 19-47, references to pp. 19-23.
6. Daniel Headrick, *The Tools of Empire: Technology and European Imperialism in the Nineteenth Century* (Oxford, UK: Oxford University Press, 1981), 85–86.
7. A. I. Sabra, "Situating Arabic Science: Locality Versus Essence" , History of Science Society Distinguished Lecture, published in *Isis* 87, no. 4 (December 1996): 654-70. Quotation from p. 668.
8. William Cronon, *Changes in the Land. Indians, Colonists, and the Ecology of New England* (New York. Hill and Wang, 1983), 6.

9. Carl Degler, *In Search of Human Nature: The Decline and Revival of Darwinism in American Social Thought* (Oxford, UK: Oxford University Press, 1991), vii.
10. Robert Jay Lifton, *The Nazi Doctors: Killing and the Psychology of Genocide* (New York: Basic Books, 1986), 341, 378.
11. William Sheridan Allen, *The Nazi Seizure of Power: The Experience of a Single German Town, 1922-1945* (New York: Franklin Watts, 1965; reved. 1984), 207.
12. Robert S. McElvaine, *Eve's Seed: Biology, the Sexes, and the Course of History* (New York: McGraw-Hill, 2001), 26-32.
13. Liana Vardi, "Imagining the Harvest in Early Modern Europe," *The American Historical Review* 101, no. 5 (December 1996): 1397.

第六章

1. Franklin W. Knight, *The Caribbean: The Genesis of a Fragmented Nationalism*, 2nd ed. (New York: Oxford University Press, 1990).
2. Jonathan Spence, *God's Chinese Son: The Taiping Heavenly Kingdom of Hong Xiuquan* (New York: W. W. Norton, 1996), 83.
3. Christopher Hibbert, *The Great Mutiny: India 1857* (New York: Penguin Books, 1978), 63.
4. John Demos, *The Unredeemed Captive: A Family Story from Early America* (New York: Vintage Books, 1994), 146.
5. Hibbert, *Great Mutiny*, 24.
6. Hibbert, *Great Mutiny*, 388.
7. Herodotus, *The Histories*, trans. Aubrey de Selincourt (New York: Penguin Classics, 1954; rev. ed. 1983), 519.
8. Chester W. Starr, *A History of the Ancient World*, 4th ed. (New York: Oxford University Press, 1991), 294-95.

第七章

1. Winston S. Churchill, *The Birth of Britain*, vol. 1 in *History of the English Speaking Peoples* (New York: Dodd, Mead, 1956, Bantam, 1974), 131.
2. *Bartlett's Familiar Quotations*, 16th ed. (Boston: Little, Brown, 1992), p. 620.

第八章

1. James Belich, *The Victorian Interpretation of Racial Conflict: The Maori, the British, and the New Zealand Wars* (Montreal and Kingston: McGill and Queen's University Press, 1989), 20-21.
2. George Orwell, "Politics and the English Language," in *Fields of Writing*, eds. Nancy Comley et al., 4th ed. (New York: St. Martin's Press, 1994), 618.
3. William Strunk, Jr., and E. B. White, The Elements of Style. Third edition (Boston: Allyn & Bacon, 1995), 45.
4. H.W. Fowler and R.W. Burchfield, *Modern English Usage*, 3rd ed. (Oxford: Oxford University Press, 1996), 774.

第九章

1. Mary Refling et al, "British Wit in the House of Lords," H-Albion bulletin board, July 8-10, 1997, http://networks.h-net.org/h-albion. Accessed January 20, 2015.

练习答案

1. Single-author book citation:
   a. Norman F. Cantor, *The Last Knight: The Twilight of the Middle Ages and the Birth of the Modern Era* (New York: Free Press, 2004), 24.
   b. Cantor, *The Last Knight*, 25.
   c. Cantor, Norman F. *The Last Knight. The Twilight of the Middle Ages and the Birth of the Modern Era*. New York: Free Press, 2004.

2. Multiauthor book citation:
   a. Jane Burbank and Frederick Cooper, *Empires in World History: Power and the Politics of Difference* (Princeton: Princeton University Press, 2010), 24-25.
   b. Burbank and Cooper, *Empires in World History*, 26.
   c. Burbank, Jane, and Frederick Cooper. *Empires in World History: Power and the Politics of Difference*. Princeton: Princeton University Press, 2010.

3. Scholarly article citation:
   a. William G. Rosenberg, "Reading Soldiers' Moods: Russian Military Censorship and the Configuration of Feeling in World War I," *American Historical Review* 119, no. 3 (June 2014): 715.

b. Rosenberg, "Reading Soldiers' Moods," 720.
c. Rosenberg, William G. "Reading Soldiers' Moods: Russian Military Censorship and the Configuration of Feeling in World War I." *American Historical Review* 119,no.3 (June 2014): 714-40.

4. Website citation:
    a. Clive Emsley, Tim Hitchcock, and Robert Shoemaker, "Gender in the Proceedings," *Old Bailey Proceedings Online* (www.oldbaileyonline.org, version 6.0, accessed April 13, 2011).
    b. Emsley, Hitchcock, and Shoemaker, "Gender in the Proceedings."
    c. Emsley, Clive, Tim Hitchcock, and Robert Shoemaker. "Gender in the Proceedings." *Old Bailey Proceedings Online* (www.oldbaileyonline.org. Version 6.0. Accessed April 13, 2011).

第六版的新变化

第六版根据十几位审稿人的建议和几位采用本书教师的意见进行了修订:

- 在如何开始撰写研究性论文的开篇部分,关于如何形成研究问题以及假设,最新版本提供了更好指导。
- 有关口述史的部分已经扩展,同时对视图和资料部分有所扩充。
- 其他几个章节也做了小修改,在保持简洁的同时,使内容与时俱进。

第六版的审稿人

- 安尼特·查普曼-阿迪肖（Annett Chapman-Adisho），塞勒姆州立大学
- 艾琳·福特（Eileen Ford），加州州立大学洛杉矶分校
- 珍妮·哈丁（Jeannie Harding），詹姆斯麦迪逊大学
- 马克·赫西（Mark Hersey），密西西比州立大学
- 威拉德·斯特恩·兰德尔（Willard Sterne Randall），香普兰学院
- 安杰拉·汤普森（Angela Thompson），东卡罗来纳大学
- 蒙哥马利·沃尔夫（Montgomery Wolf），佐治亚大学

"进阶书系" —— 授人以渔

在这个信息爆炸的时代,大学生在学习知识的同时,更应了解并练习知识的生产方法,要从知识的消费者成长为知识的生产者,以及使用者。而成为知识的生产者和创造性使用者,至少需要掌握三个方面的能力。

思考的能力:逻辑思考力,理解知识的内在机理;批判思考力,对已有的知识提出疑问。

研究的能力:对已有的知识、信息进行整理、分析,进而发现新的知识。

写作的能力:将发现的新知识清晰、准确地陈述出来,向社会传播。

但目前高等教育中较少涉及这三种能力的传授和训练。知识灌输乘着惯性从中学来到了大学。

有鉴于此,"进阶书系"围绕学习、思考、研究、写作等方面,不断推出解决大学生学习痛点、提高方法论水平的教育产品。读者可以通过图书、电子书、在线音视频课等方式,学习到更多的知识。

同时,我们还将持续与国外出版机构、大学、科研院所密切联系,将"进阶书系"中教材的后续版本、电子课件、复习资料、课堂答疑等及时与使用教材的大学教师同步,以供授课参考。通过添加我们的官方微信"学姐领学"(微信号:unione_study)或者电话15313031008,留下您的联系方式和电子邮箱,便可以免费获得您使用的相关教材的国外最新资料。

我们将努力为以学术为志业者铺就一步一步登上塔顶的阶梯,帮助在学界之外努力向上的年轻人打牢解决实际问题的能力,成为行业翘楚。

品牌总监	刘　洋
特约编辑	吕梦阳
营销编辑	王艺娜
封面设计	马　帅
内文制作	胡凤翼